Liebe Leserinnen, liebe Leser!

Mehr als 20 Mio. Touristen – darunter ca. 1 Mio. Übernachtungsgäste – zieht es Jahr für Jahr an den Rhein, an den knapp 180 km langen Streckenabschnitt zwischen Köln und Mainz, der mit einer Vielzahl von Burgen und landschaftlicher Schönheit prunken kann. Sie wandeln auf historischen Spuren, denn das Rheintal avancierte bereits im 19. Jahrhundert zur ersten bedeutenden Touristendestination im Gebiet des heutigen Deutschland.

Dramatische Naturkulisse

Die frühesten begeisterten Reiseschilderungen über das Rheintal stammen vom Ende des 18. bzw. beginnenden 19. Jahrhundert. Lord Byron lobte die dramatische Naturkulisse, und Maler wie William Turner machten mit ihren Rheinansichten die Gegend populär. Ab 1827 verkehrten Schiffe im Linienverkehr auf dem Strom, und Karl Baedeker, der 1827 seine Verlagsbuchhandlung in Koblenz gegründet hatte, gab 1832 als erstes von ihm verlegtes Reisebuch die „Rheinreise" heraus. Damit waren die Voraussetzungen für den schnell wachsenden Tourismus gegeben. Die Rheinlandschaft faszinierte das europäische Reisepublikum, vor allem Engländer besuchten zu Tausenden den Rhein.

Am besten per Schiff

Von seiner Faszination hat der Rhein bis heute nichts eingebüßt. Dies zeigt nicht zuletzt die Ernennung des Oberen Mittelrheintals zwischen Koblenz und Bingen 2002 durch die UNESCO zum Weltkulturerbe. Übrigens setzt man spätestens seit diesem Zeitpunkt in der Region auf einen hochwertigeren Tourismus. Viele Hotels und Restaurants richten ihr Angebot auf ein anspruchsvolles Publikum aus. Mit einem ideenreichen Sportprogramm möchte man Reisende aller Altersgruppen ansprechen. Und wie die Gegend am besten erkunden? Daran hat sich seit dem 19. Jahrhundert nichts geändert: am schönsten sind Schiffsfahrten – fernab des Verkehrslärms gleiten Sie durch eine herrliche Landschaft. Mehr über Kreuzfahrten und Schiffsausflüge erfahren Sie im DuMont Thema auf S. 70 ff.
Herzlich

Ihre
Birgit Borowski

Birgit Borowski
Programmleiterin DuMont Bildatlas

*Der Fotograf **Christian Bäck** ist im oberbayerischen Großweil zu Hause. Besonders beeindruckt hat ihn der alles umfassende Karneval, der arbeitsintensive Weinbau und das vielgestaltige Geschehen auf dem Fluss.*

*Autor **Klaus Simon** ist seit Jahren Wahl-Kölner. Regionale Überraschung war für ihn die Sayner Hütte, großer Genuss die Weine vom Mittelrhein und Rheingau, eine Herausforderung der Rheinsteig und schönste Entspannung die Rheinkreuzfahrt.*

Rheingau Musik Festival

Ein Sommer voller Musik von Ende Juni bis Anfang September

Das Rheingau Musik Festival zählt zu den größten Musikfestivals Europas und veranstaltet Jahr für Jahr über 170 Konzerte in der gesamten Region von Frankfurt über Wiesbaden bis zum Mittelrheintal in Kulturdenkmälern wie Kloster Eberbach, Schloss Johannisberg und Schloss Vollrads sowie in lauschigen Weingütern.

Mehr Informationen zum Festival und zum Programm finden Sie auf **www.rheingau-musik-festival.de**. Gerne berät Sie unser Service-Team am Karten- und Infotelefon unter **0 67 23 / 60 21 70**.

56 Nirgendwo sonst am Rhein sind Burgen-, Fachwerk- und Weinseligkeit so verdichtet zu erleben wie zwischen Koblenz und Mainz.

Eine Rheinkreuzfahrt verbindet den maritimen Touch mit dem Erlebnis unzähliger Attraktionen am Ufer.

Impressionen

8 Es ist nicht nur die Rheinromantik, die zwischen Köln und Mainz bezaubert. Das Köln-Panorama, eindrucksvolle Kunstwerke in großen Museen, kulinarische Freuden und auch Fachwerkidylle prägen an diesem Abschnitt des Stroms das Bild – und nicht zuletzt auch Beach Clubs wie etwa am Mainzer Rheinufer.

106 Rheinwein ist seit Jahrhunderten ein Begriff, Rheinhessen eines der traditionsreichsten Anbaugebiete.

Köln

22 **Eine Stadt als Gefühl**
Kölns Beschwingtheit ist ansteckend. Hinfahren genügt. Das 2000 Jahre alte Köln ist überall schön, selbst nun auf der „Schäl Sick" oder auch am neu gestalteten Rheinauhafen. Wohlmeinende schätzen das kreative Chaos in der Stadt. Von großer Bedeutung ist die kulturelle Seite – der Dom, die romanischen Kirchen, eine große Anzahl an Museen, Theater unterschiedlichster Art ...

36 **Straßenkarte**
37 **Infos & Empfehlungen**

Unteres Mittelrheintal

40 **Junger Charme der alten Republik**
Bonn war einst Bundeshauptstadt. Ansiedlungen großer Unternehmen und der Zuzug verschiedener Organisationen lassen die Stadt, nun von staatstragender Last befreit, lebendig bleiben. In Fachwerkidyllen wie Linz und hinter den Stadtmauern von Andernach weht ein frischer Wind. Zwischendurch bleibt im Tal immer Zeit, ein Gläschen Riesling von den Steillagen zu genießen.

DUMONT THEMA
50 **Erbe der Industrialisierung**
Die Erhaltung der industriellen Trutzburgen ist eine schwierige Aufgabe. Das Land Rheinland-Pfalz bemüht sich mit engagierten Mitstreitern um die Sayner Hütte.

52 **Straßenkarte**
53 **Infos & Empfehlungen**

BEST OF ...

UNSERE FAVORITEN

20 **Winzer am Rhein**
Hervorragende Rieslinge bringen die Böden des Rheintals hervor.

34 **Einkehr mit Blick auf den Strom**
In Flussnähe speisen und gleichzeitig den Blick genießen – wunderbar in diesen Lokalen.

114 **Wandern – mit bester Aussicht**
Geht es bei den Wanderungen am Rhein auch mal steil hinauf, so zeigen sich Wasser, Ufer, Schiff und Tal doch von ihrer schönsten Seite!

INHALT

22 In 2000 Jahren hat sich das Leben rund um den Kölner Dom zu einem überragenden Stadtbild gefügt.

Mainz · Rheinhesssen

96 **Feudal und fidel**
Das 2000-jährige Mainz ist bekannt, wenn „es singt und lacht", dabei kann es rund ums Jahr feiern. Angemessen für eine Weinmetropole, als die sich die Landeshauptstadt von Rheinland-Pfalz versteht.

DUMONT THEMA
106 **Rheinhessens Tropfen boomen!**
Das Rebenmeer zwischen Mainz und Worms überzeugt zusehends durch Qualität.

110 **Straßenkarte**
111 **Infos & Empfehlungen**

Anhang

116 **Service – Daten und Fakten**
121 **Register, Impressum**

Oberes Mittelrheintal

56 **Zu Besuch beim Welterbe**
Südlich von Koblenz schaltet der Rhein auf großes Landschaftskino um. So überwältigend, dass das Landschaftsbild als UNESCO-Welterbe geadelt ist.

DUMONT THEMA
70 **Von britischen Lords zu Best Agern**
Rheinkreuzfahrten sind eine Erfindung der Pioniertage des Tourismus.

74 **Straßenkarte**
75 **Infos & Empfehlungen**

Rheingau

78 **Südbalkon für Riesling**
Rheinhänge in Südlage ergeben erstklassige Weinlagen – seit jeher die Basis für Wohlstand.

DUMONT THEMA
90 **Im Würgegriff des (Bahn-)Verkehrs**
Der Güterverkehr zwischen Koblenz und Mainz ist zur Geißel geworden.

92 **Straßenkarte**
93 **Infos & Empfehlungen**

Genießen   Erleben   Erfahren

39 **Rollend durch den Rheinauhafen**
Eine Kölner Schokoladenseite mit dem Segway erschließen.

55 **Auf Spätburgunder-Spuren**
Der Rotweinwanderweg durchzieht das Ahrtal.

77 **Paddeltour auf der Mosel**
Die Mosel von Schweich bis zur Mündung in Koblenz eignet sich für Anfänger wie Könner.

95 **Immer dem Römer nach**
Die Rheingauer Riesling Route verspricht Radelspaß.

113 **Mainz im Laufschuh**
SightJogging ist die aktive Form der Stadtbesichtigung.

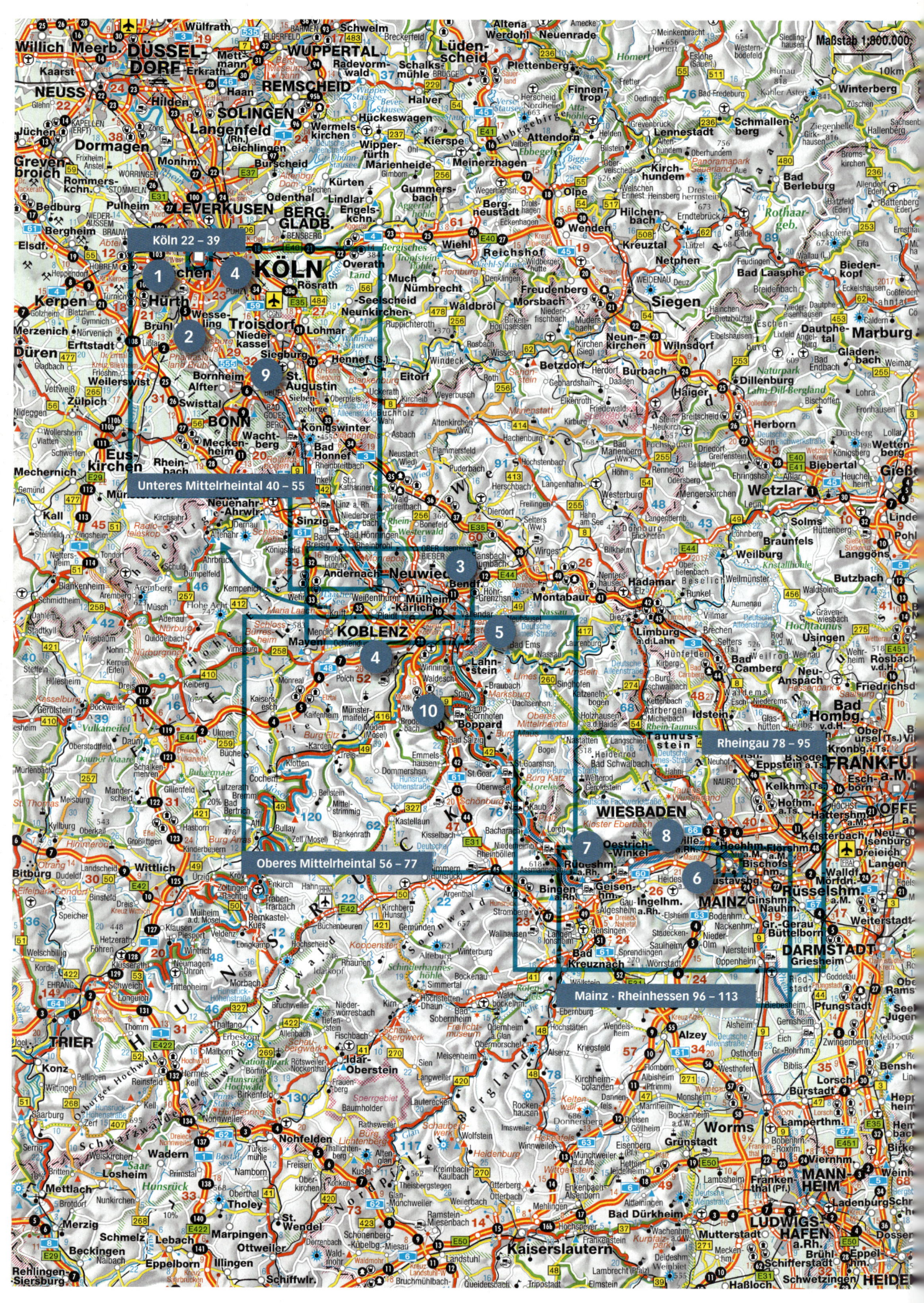

Topziele

Die bedeutendsten Sehenswürdigkeiten und Erlebnisse, die keinesfalls versäumt werden sollten, haben wir auf dieser Seite zusammengestellt. Auf den Infoseiten sind sie jeweils als **TOPZIEL** *gekennzeichnet.*

KULTUR

1 Kölner Dom: Das im Mittelalter begonnene Gotteshaus ist Teil des UNESCO-Welterbes. **Seite 37**

2 Barockkultur in Brühl: Zur repräsentativen Residenz Augustusburg gehört das Jagdschloss Falkenlust (mit barockem Schlosspark). **Seite 53**

3 Kulturpark Sayn: Neben Attraktionen wie der Burg Eltz, dem Kloster Maria Laach, der Festung Ehrenbreitstein und der Loreley gehört das Ensemble zu den „Meisterwerken der Region zwischen Rhein und Mosel". **Seite 55**

4 Ludwigs kostbares Erbe: Gleich zwei Häuser tragen den Namen Ludwig: das Kölner Museum und das in Koblenz. **Seiten 38 und 75**

5 Koblenz, Festung Ehrenbreitstein: Die Festungsbauten beherbergen Sammlungen des Landesmuseums Koblenz. **Seite 75**

6 Revolutionäres aus Mainz: Gutenbergs Erfindung veränderte die Welt von Grund auf. **Seite 112**

ERLEBEN

7 Köstlicher Rheingau: Nobel geht man auf dem berühmten Schloss Vollrads in klassizistischem Ambiente zu Tisch. **Seite 94**

8 Weinprobe in Eberbach: Das ehemalige Zisterzienserkloster war immer auch Weingut und lädt heute zu Weinproben. **Seite 95**

NATUR

9 Naturrefugium bei Bonn: Die Siegmündung ist mit ihren Auwäldern die letzte naturbelassene Mündung eines Rheinnebenflusses. **Seite 53**

10 Rheinschleife bei Boppard: Beim Vierseenblick überschneiden sich Rheinschleife und Schieferhänge so stark, dass man meint, von hier auf vier Seen zu schauen. **Seite 76**

Atemberaubende Aussichten

Burgenreich ist das Rheintal, und man wird nicht müde, dieses Ensemble – Burgen und Burgruinen aus alter Zeit, den gemächlich dahinströmenden Fluss und die sich die Hänge emporziehenden Rebstöcke – aus immer neuen Perspektiven zu betrachten. Die Marksburg oberhalb von Braubach ist ein Höhepunkt in diesem Bilderreigen – hat sie doch unzerstört überdauert.

Köln leuchtet

Die Millionenstadt strahlt mit ihrer Lebenslust, dem Kulturangebot und dem Dom, Deutschlands bekanntestem Baudenkmal, weit über die Rheinlande hinaus. Dass der Dom trotz seiner internationalen Popularität in Köln bleibt, ist eine ausgemachte Karnevalsweisheit. Apropos Karneval: Nicht nur zur Fünften Jahreszeit brummt es in der Stadt. Köln ist das ganze Jahr über die größte Partymeile am Rhein. Events, Konzerte und das umtriebige Nachtleben locken junge Zuzügler an. Denn die Lichter gehen vom Eigelstein bis in die Südstadt erst bei Sonnenaufgang aus.

Kunstvolles Rheinland

Die von Duane Hanson 1977 geschaffene hyperrealistische (und häufig zu Verwechslungen mit „echten" Museumsbesucherinnen führende) „Woman with a purse" (links im Bild) ist ein Schlüsselwerk im Kölner Museum Ludwig, eine der weltweit führenden Sammlungen zeitgenössischer Kunst. Die Rheinlande locken freilich mit Kunstschätzen aus allen Epochen, bis in die Frühzeit reicht die Sammlung des Römisch-Germanischen Museums in Mainz.

Riesling in seiner ganzen Vielfalt

Weinlese ist weiterhin überwiegend Handarbeit, so auch in den Weinbergen von Schloss Johannisberg in Geisenheim. Die Traubenfülle berechtigt in einer Genießerregion wie dem Rheingau zu den schönsten Hoffnungen. Im Frühjahr wird das erste Ergebnis der blassen Trauben in Gutshöfen, Kellern und Straußenwirtschaften zu probieren sein – für den Genießer entfalten sich dann Aromen von Apfel über Quitte bis hin zu Kräutern.

IMPRESSIONEN
14 – 15

Mit den Füßen im Sand

Vom Ufer den Blick auf den Strom genießen oder lieber aufs Schiff steigen? Das ist hier die Frage. Die klassische Rheinkreuzfahrt ist seit dem 19. Jahrhundert touristisches Pflichtprogramm. Im Breitwandpanorama ziehen Weinlagen, Burgen, Naturschönheiten vorbei. Auch der Blick vom Ufer ist nicht zu verachten: Überall locken Lokale mit dem Zusatz „Rheinblick". Als moderne Variante dient wie hier in Mainz ein Beach Club.

Rheinromantisches Fachwerk

Das „Alte Haus" in Bacharach wurde im Jahr 1368 errichtet, so ist es an einer Fassade des Fachwerkbaus vermerkt. Die Gestaltung mit Butzenscheiben und das fein ausgeführte Fachwerk lassen es zum bedeutenden Teil der Rheinromantik werden – vor allem an einem so lauen Sommerabend. Robert Stolz verewigte das Gasthaus musikalisch in einer Operette.

UNSERE FAVORITEN

Die besten Winzer zwischen Bonn und Mainz

Weinfreuden im Rheintal

Der Mittelrhein dürfte die unbekannteste unter den deutschen Weinbauregionen sein. Dabei wachsen auf den Schieferböden hervorragende Rieslinge. Anders verhält es sich in Rheinhessen, das als Boomregion gilt. Ganz zu schweigen vom Rheingau, wo einige Lagen als äußerst hochkarätig angesehen werden.

1 Winzer des Jahres

Im Jahr 2012 ernannte der renommierte Weinguide Gault & Millau Matthias Müller aus Spay zum „Winzer des Jahres". Seitdem sind die Rieslinge von den Schieferböden der Lage Bopparder Hamm auch einem größeren Publikum bekannt. Zu Recht!
Die Weine des binnen 20 Jahren von 4 auf stolze 17 Hektar vergrößerten Familienbetriebs sind würzig, rassig und überzeugen durch ihre tiefgründige Mineralität. Mit 92 Prozent bleibt der Riesling im Müller'schen Weinberg König. Grauburgunder (6 Prozent) und Spätburgunder (2 Prozent) sind eher Nebensache. Neu im Betrieb ist das Weinbistro in der Vinothek, in der Marianne Müller bei Probe und Verkauf berät. Und für die Nachfolge ist auch schon gesorgt: Sohn Johannes studiert in Geisenheim, steht aber bereits heute in Keller und Weinberg seinen Winzer.

Weingut Matthias Müller
Mainzer Str. 45, 56322 Spay,
Tel. 02 62 8 87 41,
www.weingut-matthias
mueller.de

2 Nicht nur Riesling

Beim emsigen Winzer Thomas Perll, der das alteingesessene Gut heute leitet, gibt es neben tollen Rieslingweinen aus dem Bopparder Hamm auch andere Rebsorten zu entdecken – etwa die feinwürzige Grauburgunder Auslese aus der Lage Feuerlay, die zudem erfreulich trocken ausfällt, es mit 13,5 % Alkoholgehalt jedoch in sich hat. Mandelstein, Ohlenberg und Fässerlay heißen die anderen Lagen der Perlls, mit Böden aus Devonschieferverwitterung und Grauwacke. Herrlich: der Riesling Alte Reben aus dem Mandelstein sowie die Riesling Spätlese aus der Fässerlay mit viel Schmelz und noch mehr Länge. Und die Preise bleiben im Keller. Bei Flaschenpreisen, die zwischen 5,50 € für ein Hochgewächs und 7 € für eine Spätlese rangieren, schenkt man sich gerne nach.

Weingut August Perll
Oberstr. 77–81,
56154 Boppard,
Tel. 06 74 2 39 06,
www.perll.de

3 The Garage Winery

Ein Halbamerikaner im traditionsreichsten aller deutschen Weinberge berechtigt zu den allerschönsten Trinkhoffnungen. Anthony Robert Hammond, der u. a. in Neuseeland das Winzern gelernt hat, geht frisch ans Werk. Beim Riesling, aber auch bei einer Cuvée aus Rivaner, Weissburgunder, Riesling („Garage No. 14"), beweist der Querkelterer seinen Innovationsgeist. Fazit: Anthonys Garagenweine sind tolle, leichte und fruchtige Tropfen, die einfach Spaß machen und unkomplizierten Trinkgenuss versprechen.

Weingut Anthony Robert Hammond, Rheingaustr. 102, 65375 Oestrich-Winkel, Tel. 06 72 3 60 33 40, www.garagewinery.com

4 Das Monument

Von einem Monument soll die Rede sein. Was Robert Weil (1843–1923) für das internationale Renommee deutscher Weine getan hat, würde es locker rechtfertigen, dem Rheingauwinzer ein Denkmal zu errichten. Bis es soweit ist, begnügen wir uns mit einer Flasche aus seinem Keller. Etwa einem trockenen Riesling vom Kiedricher Turmberg, der nach Weinbergpfirsich, Limette und Kräutern schmeckt. Oder eine Trockenbeerenauslese aus derselben Lage mit Aromen von Papaya, Ingwer und mit sehr zarter Säure. Monumental, fürwahr! Aber nicht fett. Der Winzer Wilhelm Weil tritt mehr denn je für eine „Entfettung der Rieslinge" ein. Seine Weine werden daher Jahr für Jahr feiner, fester und schlanker. 90 Hektar umfasst das Weingut heute. 650 000 Flaschen werden im Jahresmittel produziert. Aber jede ist einzigartig und unverkennbar ein Weil.

Weingut Robert Weil
Mühlberg 5,
65399 Kiedrich,
Tel. 06 12 3 23 08,
www.weingut-robert-weil.com

5 Newcomer

Hinter dem Aussiedlerhof, der Mitte der 1960er-Jahre an den Rand von Hahnheim verlegt wurde, steht die Winzerfamilie Koch. Charlotto und Herbert Koch bewirtschaften 15 Hektar Reben, teils in Rheinhessen, teils in der Pfalz. Spitzenlagen sind der Hahnheimer Moosberg, die Gimmeldinger Meerspinne, der Hahnheimer Knopf und der Sörgenlocher Moosberg. Die sorgfältig ausgebauten Weine sind durchweg facettenreich und saftig. Neben dem unumgänglichen Riesling sorgen seltene Weißweinrebsorten wie der Gelbe Orléans für echte Überraschungen. Der von Napoleon geschätzte Wein gewann einmal bei der Berliner Wine Trophy Gold. Auch die ins Abseits geratene Scheurebe oder ein roter Acolon gefallen als trockene, feine Tropfen. Noch ein Tipp ist die rote Cuvée aus Acolon und St-Laurent. Bitte weiter so.

Weingut Abthof
Bahnhofstr. 27,
55278 Hahnheim,
Tel. 06 73 7 3 80,
www.weingut-abthof.de

Eine Stadt als Gefühl

Kölns Beschwingtheit ist ansteckend. Hinfahren genügt. Den Rest übernehmen die Kölner. Und setzen sich gern eine rosa Brille auf. Köln ist überall schön, so ihr Credo. Wohlmeinende sprechen angesichts wüster Verkehrsschneisen und seelenloser Plätze von kreativem Chaos. Das neue Köln aber ist nicht nur „ein Gefühl", so der Slogan von KölnTourismus, sondern zeigt attraktive Seiten.

Gleich hinter dem Kölner Rheinufer ragen Groß St. Martin, Dom und die Kuppel des MusicalDome auf.

Zum Leben im Viertel gehört entspanntes Beobachten des Straßenlebens, Zeitunglesen in der Eckkneipe – hier dem Salon Schmitz im belgischen Viertel (oben rechts) –, ein Kölsch vom Fass und Shopping – im Blutsgeschwister La Kölsche Vita im Belgischen Viertel beispielsweise (unten rechts).

Hier ist man goldrichtig: Terrasse des „Kafé Local" im Weyertal in Köln-Sülz.

Der Kölner Fischmarkt liegt etwas abseits vom brandenden Innenstadtverkehr und vermittelt im Schatten von Groß St. Martin Altstadtflair.

Im Veedel ist Köln nicht mehr Stadt, sondern Großdorf und damit ganz bei sich. Schnelles Durchrauschen auf dem Weg ins Büro? Keine Chance, denn der Nachbar hat immer Zeit für eine flapsige Bemerkung. An der Ecke tritt der Friseur vor die Tür, um über das Wetter zu philosophieren. Beim Bäcker müssen Bedienung und Tischnachbarn in aller Breite neueste Nachbarschaftsgerüchte und große Weltpolitik durchhecheln. Verzäll nennt sich das Ritual, bei dem alle über alles und mit jedem durcheinander plappern. Insoweit ähneln sich die 86 Kölner Veedel. Ansonsten ist jedes Veedel anders. Hip und chic kommt das Belgische Viertel daher. Lindenthal ist kreuzbrav und bürgerlich, der Eigelstein eine Mischung aus Klein-Istanbul und gentrifiziertem Kiez.

Den Vogel in der nach oben offenen Beliebtheitsskala Kölner Veedel schießt aktuell Sülz ab – zumindest bei Umfragen unter Wohnungssuchenden und Immobilienmaklern. Das fängt schon beim Namen an. Kölscher als Sülz kann kein Veedel heißen. Darüber hinaus stimmen die Zutaten. Als da wären Haus Unkelbach, ein urkölsches Brauhaus mit Biergarten. Das Weyertal, eine Café- und Restaurantmeile, die im Sommer geradezu italienische Lebensfreude versprüht. Der Italiener „Da Siro", der so etwas wie die Veedels-Kantine ist. Das

Rathausturm, Dom und Groß St. Martin gehören zu Kölns Altstadt und bilden samt der „Weißen Flotte" auf dem Rhein ein wunderschönes Panorama.

Die 1643 gestiftete Goldene Kammer von St. Ursula ist ein begehbarer Reliquienschrein.

Himmelstürmende Gotik, die Blicke werden unwillkürlich nach oben gelenkt: das Mittelschiff des Kölner Doms.

> „Dieses Konstruktionsprinzip des Skelettbaus (…) führt optisch zu einer Negation der statisch-konstruktiven Gegebenheiten (…)."
>
> Binding/Löhr

Kafé Local, dessen Terrasse sich als der strategisch wichtigste Platz im Veedel behauptet – an ihr kommt niemand ungesehen vorbei. Und als echtes Veedel hat Sülz zudem einen eigenen Karnevalszug – am Karnevalsdienstag findet er statt, wenn in der Innenstadt alles fast wieder vorbei ist.

Wahrzeichen Dom

Köln, 15. August 1248. Erzbischof Konrad von Hochstaden legt an Mariä Himmelfahrt den Grundstein für den neuen, im gotischen Stil zu errichtenden Dom. Dessen gewaltige Ausmaße sollen die Pilgermassen, die seit der Überführung der Reliquien der Heiligen Drei Könige in die Stadt am Rhein 1164 anwachsen, aufnehmen. Dass es mehr als 600 Jahre bis zur Vollendung dauern sollte, konnte niemand ahnen. 1560 kamen die Arbeiten aus Geldmangel zum Stillstand, um erst wieder im 19. Jahrhundert aufgenommen zu werden. Ab 1842 wurde weitergebaut. Diesmal legte kein katholischer Kirchenfürst, sondern – furchtbar, dies sagen zu müssen – der protestantische Preußenkönig Wilhelm IV. den Grundstein. Einerlei, 1880 war der Dom vollendet.

Mit knapp 8000 Quadratmeter Fläche ist er Deutschlands größtes Gotteshaus. Die UNESCO hat ihn 1996 zum Welterbe erklärt. An die 20 000 Besucher strömen im Tagesdurchschnitt vor das wie eine Rakete von der Domplatte gen Himmel abhebende Westwerk: Keine Sehenswürdigkeit in Deutschland lockt mehr Besucher an. Die Bomben des Zweiten Weltkriegs hat der Dom leidlich überstanden. Ein Wunder, klar doch. Umso stärker wirkt seine Verankerung in der Kölner Seelenlandschaft: Wo der Dom steht, ist Heimat.

Aufschwung Mittelalter

Es gibt sie gleich im Dutzend. So viele große romanische Kirchen zählt „et hillije Kölle". Alle zwölf liegen innerhalb der Stadtmauer von 1180 – eine europaweit einmalige Ballung. Zu erklären ist der architektonische Reichtum mit der Bedeutung Kölns als größter deutscher Stadt des Mittelalters. Als das „Rom des Nordens" zu Beginn der Neuzeit wegen sich verlagernder Welthandelsrouten verarmte, fehlten die Mittel, die Kirchen im Zeitgeschmack der Renaissance oder des Barock umzugestalten.

Die schweren Zerstörungen an fast allen romanischen Kirchen im Zweiten Weltkrieg sind behoben. 1985 konnte mit dem „Jahr der romanischen Kirchen" die Wiederherstellung der Gotteshäuser gefeiert werden. Auf seine eigene Art reizvoll ist jedes. Der wuchtige Vie-

Kölns Museumslandschaft umfasst so Vielfältiges wie die „Garden Gallery" von Sou Fujimoto im Skulpturenpark (oben links), Sonderausstellungen – wie hier von David Hockney (oben rechts) – im Museum Ludwig und das Abenteuer-Museum Odysseum (unten links).

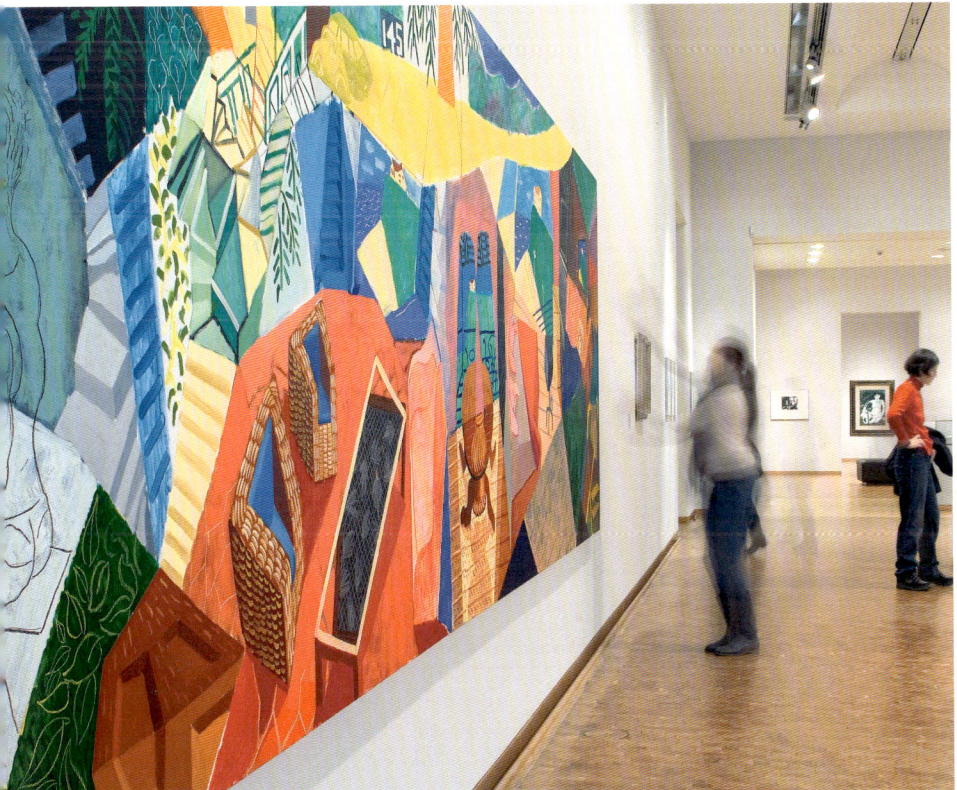

rungsturm von Groß St. Martin prägt die Rheinuferfront vor der Altstadt. Der Kleeblattchor von St. Aposteln gilt als Hauptwerk der Romanik im Rheinland. Unter St. Severin liegt ein vorchristliches Gräberfeld. In der Schreckenskammer von St. Ursula schauen einen die samtbestickten Schädel der 11 000 im Gefolge der heiligen Ursula angeblich vor den Toren der Stadt von Hunnen dahingemetzelten Jungfrauen an ...

Bürgermuseen und Kunst

Bürger der Stadt haben die Kunststadt Köln aus der Taufe gehoben. Die Gemäldesammlung des Wallraf-Richartz-Museums geht auf eine Schenkung des letzten Rektors der alten Kölner Universität, Ferdinand Franz Wallraf (1748

Privates Mäzenatentum hat Köln zu seiner Museumslandschaft verholfen.

bis 1824), und eine Stiftung des Kölner Kaufmanns Johann Heinrich Richartz (1795–1861) zurück. Grundstein für das Museum Schnütgen war die Sammlung mittelalterlicher Kunst von Alexander Schnütgen, die der Theologe 1906 der Stadt stiftete. Die Sammlung moderner Kunst, die der Rechtsanwalt Joseph Haubrich der Stadt nach dem Zweiten Weltkrieg vermachte, bereichert das Museum Ludwig, das selbst auf die Schenkung der Aachener Schokoladenproduzenten und Kunstmäzene Peter und Irene Ludwig von 1976 zurückgeht. Es war die Zeit, als Köln als Kunstmetropole zu New York aufrückte, die Zeit, in der Fluxus, Happening, Pop Art und Neue Wilde gleichbedeutend mit made in Cologne waren, als die Art Cologne zu Europas bedeutendster Kunstmesse aufstieg. Vorbei. Die Karawane der Galeristen und Künstler ist inzwischen nach Berlin weitergezogen. Geblieben sind Stars der internationalen

Mit dem Dom als Kulisse: Die Kranhäuser von BRT Bothe Richter Teherani und Linster Architekten nutzen die alten Kais des Rheinauhafens.

Beachvolleyball und Kölsch unter den alten Monumenten der Arbeit: am Südende des Rheinauhafens.

Wo einst Flussschiffe ihre Ladung löschten, dümpeln heute Sportboote.

Die Aussichtsplattform des gläsernen Büroturms KölnTriangle gegenüber vom Dom auf der anderen Rheinseite befindet sich in über 100 m Höhe.

Kletternd über den Rhein – die Hohenzollernbrücke macht es möglich.

Neue unkonventionelle Gestaltung schafft sich überall in Köln in eindrucksvoller Weise den nötigen Freiraum.

Kunstszene wie Gerhard Richter und Rosemarie Trockel. Geblieben sind auch im internationalen Kunstmarkt etablierte Galerien von Gisela Capitain, Daniel Buchholz (neben Berlin und New York) oder Delmes & Zander.

Integrationsmodell Köln

„Drink doch ene met" – der Titel eines Lieds der Bläck Fööss ist Programm. Köln integriert jeden. Der in Polen geborene Fußballspieler Lukas Podolski eroberte beim 1. FC Köln rasch die Herzen der Kölner. „Prinz Poldi", mittlerweile in der japanischen J1 League bei Vissel Kōbe auf dem Gehaltszettel und seit Anfang 2018 Betreiber einer Dönerbude in der Domstadt, bleibt nach wie vor „ne Kölsche Jong", eine Galionsfigur für Köln. Weiterhin eine der populärsten Politikerinnen ist die in Istanbul geborene Autorin Dr. Lale Akgün. Und Marcus Gottschalk: Als er vor einigen Jahren zum Karnevalsprinz gekürt wurde, war sein Lebensgefährte mit von der Partie: „Ich habe mich und meinen Partner nie versteckt. Wir leben doch in Köln." Eben.

Neues Köln

Es hat etwas gedauert, bis Köln nach dem städtebaulichen Innovationsschub der 1980er-Jahre Kraft für einen neuen großen Wurf gesammelt hatte. Damals wurde die Altstadt dank der Verlagerung des Verkehrs in den Rheinufertunnel an den Strom zurückgeführt, die wegweisende Bebauung um Groß St. Martin vollendet, das Museum Ludwig eröffnet.

Fast zwei Jahrzehnte lang geschah danach in städtebaulicher Hinsicht eher wenig. Aber mit dem Beginn des neuen Jahrtausends war Kölns städtebaulicher Dornröschenschlaf endlich beendet. So wurde 2001 im MediaPark der 148 Meter hohe KölnTurm eingeweiht – auf der von Jean Nouvel konzipierten Fassade changieren Ansichten des Doms und der Altstadt. Dann ging es Schlag auf Schlag weiter. Renzo Piano baute sein Weltstadthaus, dessen silbrig schimmernder Walfischbuckel über der Fußgängerzone Wellen schlägt.

Als neue Visitenkarte der Stadt aber gilt der Rheinauhafen. Kühn auskragende Kranhäuser, die zu Lofts umgebaute alte Speicherstadt, die futuristische Microsoft-Zentrale katapultieren Köln in die architektonische Oberliga zeitgenössischen Bauens. Im Süden setzt das Bayenthal Pumpwerk von Kaspar Kraemer den chamäleonhaft wechselnden Schlusspunkt: Bei Normalpegel leuchtet der gläserne Kubus grün, bei Hochwasser rot.

Schäl Sick war einmal

Es tut sich etwas auf der Schäl Sick, dem „blinden" rechten Rheinufer. „Blind", weil den Gäulen auf dem Treidelpfad

Funkenmariechen und Spielmannszüge gehören zu jeder Karnevalssitzung –
hier des Traditionskorps Altstädter Köln 1922 im Gürzenich.

Ein Jeck schöner als der andere – mit
Perücke, Hütchen und quietschbunt, ...

... mit oder ohne Karnevalsorden. Alle sind
sie unterwegs zum Rosenmontagszug.

Wenn endlich „dr Zoch kütt", der Rosenmontagszug kommt, und es Kamelle und Strüssjer regnet, gibt es kein Halten mehr.

auf dem linken Rheinufer das Auge zur Wasserseite verklebt wurde, um die Tiere nicht durch Lichtreflexe zu stören. Im Wortsinn herausragend für den städtebaulichen Aufbruch auf der rechten Rheinseite gilt der gläserne Büroturm KölnTriangle. Von seiner Aussichtsplattform hat man den spektakulärsten Rundumblick über die Domstadt. Überhaupt, nirgendwo ist Köln schöner als vom Deutzer Ufer aus betrachtet. Bis 2016 wurde daher die Uferpromenade in Köln-Deutz aufwendig neu gestaltet. Zwischen Hohenzollernbrücke und Severinsbrücke ist das Deutzer Ufer nun eine schicke Flaniermeile mit viel Aussicht und vielen Sitzgelegenheiten auf hohen Stufen, die an ein antikes Amphitheater denken lassen.

Mit dem Wegzug vieler Industrieunternehmen sind die rechtsrheinischen Viertel Deutz, Kalk, Porz, Poll als Wohnviertel attraktiv geworden. Schicke Lofts und mit ihrer Vielfalt überraschende Guerilla-Gärten bestimmen heute das Bild. Mit 20 000 Plätzen, Megakonzerten, Sportveranstaltungen und TV-Shows macht die Lanxess-Arena den Mangel an Museen und Baudenkmälern wett. Die Köln Arcaden locken mit rund 180 Geschäften. Der Fernsehsender RTL ist in die denkmalgeschützten Messehallen aus den 1920er-Jahren gezogen. Das rechtsrheinische Köln zieht nach!

Köln, Karneval und Kamelle

Zwischen der Eröffnung der Session am 11.11. und Aschermittwoch gibt es kein Entkommen vor der „superjeilen Zick", vulgo Karneval. Pinguine machen den Neumarkt unsicher, Krankenschwestern stürmen die Eckkneipe und trinken so lange Kölsch, bis der Arzt kommt. Oder der Räuber sie holt. Ab Weiberfastnacht kocht die Stadt: Der Straßenkarneval ist eröffnet. „Et Trömmelche jeht, un alle stonn parat." Wer jetzt die Stadt nicht verlassen hat, geht im Strudel der Jecken unter. Herrlich! Dann kommt Rosenmontag: Vom Himmel regnet's Kamelle, Gummibärchen und Strüssjer. Immer noch herrlich ...

UNSERE FAVORITEN

Die schönsten Lokale mit Aussicht

Einkehr mit Blick auf den Strom

Ausflugslokale am Rhein gibt es wie Sand am Meer. Solche, die die Aussicht auf den Strom mit guter Küche und Verweilqualität verbinden, sind schon seltener. Wie in allen stark besuchten Gegenden setzen viele Wirte auf den flotten Euro. Eine tosende Uferstraße, wahlweise eine laute Bahnstrecke, schmälert das Vergnügen. Dass es auch anders geht, beweisen diese Adressen.

1 Biergarten & Beachclub

Der Bau ist ein Überbleibsel der Bundesgartenschau von 1957 und strahlt die beschwingte Heiterkeit der 1950er-Jahre aus. Die Lage: unschlagbar! Nach Nordwesten baut sich das gotische Gebirge des Doms auf, zu dessen Füßen sich Köln von seiner Schokoladenseite zeigt. Im Biergarten fließt das Kölsch, im Beachclub stärkt man sich mit einem Dom-Burger.

Rheinterrassen
Rheinparkweg 1,
50679 Köln,
Tel. 02 21 65 00 43 21
www.rhein-terrassen.de,
Mo.–Sa. 18.00–1.00,
So. 12.00–17.00 Uhr

2 Grill & Bar

Das „Kap am Südkai" ist tot, das „Vintage" hat geschlossen, es lebe „The New Yorker Long Island Grill & Bar"! Die coole Location am Südende des zur hippen Wohn- und Flaniermeile umgebauten Rheinauhafens hat schon unter mehreren Namen firmiert. Und scheint nun wirklich rundzulaufen. Vor der Terrasse schippern Lastkähne vorbei. Auf der Karte steht amerikanische In-Küche im Surf-'n'-Turf-Stil. Tipp: die Weinseminare!

The New Yorker Long Island Grill & Bar
Agrippawerft 30,
50678 Köln,
Tel. 02 21 92 07 10,
www.long-island.eu,
Di.–Sa. 17.00–24.00 Uhr,
Küche 18.00–22.30 Uhr

3 Industrieller Charme

Der gründerzeitliche Industriebau gehörte einst zum Bonner Bergwerks- und Hütten-Verein. Nach dem Umbau zur Gaststätte stieg die Rohmühle im Nu zum Place to be auf. Das liegt zum einen an der Lage. Die Rohmühle thront direkt am Rheinufer, zwischen Post Tower und T-Mobile im Ortsteil Oberkassel, mit Blick aufs Siebengebirge. Hinzu kommen attraktive Saisonevents vom Osterbrunch über das Spargelmenü im Frühling bis zum Gansessen im November. Doch vor allem im Sommer, wenn über dem Rhein ein Hauch von Süden weht, ist die Rohmühle ein Ort, den man nur mit einem Seufzer auf den Lippen verlässt. Morgen aber ist wieder geöffnet. Garantiert.

Rohmühle
Rheinwerkallee 3,
53227 Bonn,
Tel. 02 28 4 10 07 07,
www.rohmuehle.net,
Sommer Mo.–Sa. 10.00 bis 23.00, So. ab 9.30, Winter Di.–Sa. 11.00–23.00, So. 9.30–18.30 Uhr

4 Berlin am Rhein

Seit die legendäre Berliner Weinhandlung Lutter & Wegner das nicht minder legendäre Ausflugslokal übernommen hat, weht ein frischer Wind durch die Ruine der Rolandsburg. Der Blick durch den Bogen bleibt unverändert grandios, die Lage über dem Rhein schwindelerregend. Die Karte überzeugt mit moderner, österreichisch beeinflusster Bistroküche.

Lutter & Wegner am Rolandsbogen, Rolandsbogen, 53424 Rolandswerth, Tel. 02 28 3 72,
www.rolandsbogen.de,
Di.–So. ab 11.00 Uhr

UNSERE FAVORITEN
34 – 35

6 Mit Verweilqualität

Dörscheid liegt nicht direkt am Rhein, aber der Blick vom Dorf in schwindelnder Höhe über dem rechten Ufer des Stroms ins Tal ist umwerfend. Das Landgasthaus wird von Nadja und Marcus Fetz bereits in der dritten Generation geführt. Die Fetz' sind auch Winzer und brennen tolle Brände – beides kommt im Restaurant zum Zuge. Auf der Karte stehen Gerichte einer neuen deutschen Küche, so Rehrücken im Pfannkuchenmantel.

Landgasthaus Blücher
Oberstraße 19,
56348 Dörscheid,
Tel. 06 77 42 67,
www.landgasthaus-
bluecher.de,
Nov.–April Fr.–So. durchgehend geöffnet, Mo., Mi., Do. 14.30–17.30 Uhr geschl., Di. Ruhetag, Mai–Okt. Mi.–Mo. ab 8.00 Uhr durchgehend, Di. ab 16.00 Uhr geöffnet

5 Beim Winzer

Der Rheinsteig führt quasi an der Haustür des Weinguts vorbei – Wanderer gehören daher nicht selten zu den Gästen. Die hervorragenden Weine der Didingers stehen natürlich im Vordergrund. Zudem schaut man von der lauschigen Terrasse über den Strom auf die Lage Bopparder Hamm. Von dort stammen die meisten der hauseigenen Weine. Die Vesperkarte bietet Deftiges zu vernünftigen Preisen. Etwas vergessen? Ja, die Didingers sind reizende Gastgeber.

Gutsausschank Didinger
Rheinuferstr. 13,
56340 Osterspai,
Tel. 02 62 75 12,
www.weingut-didinger.de,
tgl. außer Mi. ab 15.00 Uhr

7 Ahoi!

Kein Schiff wird mehr kommen am alten, denkmalgeschützten Anleger von Eltville, doch dafür kann man hier bei Bratwurst mit hausgemachtem Meerrettichsenf, asiatischem Spitzkohlsalat, Zander auf Petersilienrisotto oder Sauerampferreis vor Anker gehen. So schmeckt ein Ausfluglokal im 21. Jahrhundert! Was bleibt, ist der Blick auf den Strom und die zauberhafte Warte- und Schalterhalle aus der Gründerzeit.

Anleger 511
Platz von Montrichard 2,
65343 Eltville,
Tel. 06 12 3 68 91 68,
www.anleger511.de,
Mo.–Fr. 12.00–23.00, Sa., So. 10.00–23.00 Uhr

8 Unter Ruderern

Der Weg über die von Platanen beschattete, neu gestaltete Uferpromenade wäre bereits Ziel genug. Als Belohnung für den netten Spaziergang lockt zudem die frische Regionalküche im schicken, entschieden modernen Gebäude des Mainzer Rudervereins. Durch die Panoramafenster schweift der Blick über den Strom. Tipp: Das Mittagsmenü ist mit 15 € unschlagbar günstig!

Bootshaus
Victor-Hugo-Ufer 1,
55116 Mainz,
Tel. 06 13 11 43 87 00,
www.bootshausmainz.de,
Mo.–So. 11.00–23.00 Uhr

Lebenslustigste Stadt Deutschlands

„Mir sin die Weltmeister vum Rhing." So wunderbar gossen die Bläck Fööss das Kölner Lebensgefühl in eine Liedzeile. 2016 kam die Millionenstadt auf 1 081 700 Bewohner. Für Kölner ist ihre Heimatstadt ohnehin die Größte. Ausgelassener wird nirgends gefeiert, toleranter ist kein Ort der Republik, größer kein Dom.

Geschichte

Den Anfang machten die germanischen Ubier. Deren Siedlung wurde 50 n. Chr. zur römischen Kolonie mit Stadtrecht: Colonia Claudia Ara Agrippinensium. In der Spätantike war Köln fränkische Königsresidenz, bereits Ende des 8. Jh. Sitz eines Erzbischofs. Im Mittelalter sorgten Handel und Rheinzoll für Wohlstand. Mit der Überführung der Reliquien der Heiligen Drei Könige nach Köln 1164 wurde die Stadt europäischer Wallfahrtsort. Die 1475 zur Freien Reichsstadt erklärte Rheinmetropole verlor im 16. Jh. den Anschluss an die Neuzeit. Auf die Franzosen (1801) folgten 1815 die Preußen, unter denen 1823 der erste geordnete Rosenmontagszug durch Köln zog. 1917 wurde Konrad Adenauer Oberbürgermeister und bis zu seiner Amtsenthebung durch die Nationalsozialisten 1933 wurden die seit 1798 geschlossene Universität neu eröffnet, die Kölner Messe gebaut sowie der Innere und Äußere Grüngürtel angelegt. Am Ende des Zweiten Weltkriegs ist Köln zu 70, die Innenstadt sogar zu 90 Prozent zerstört. Erst in den 1980er-Jahren gelingt mit der Neugestaltung der Altstadt und der Museumslandschaft auf dem Domhügel ein städtebaulicher Qualitätssprung. Das 2002 eingeleitete Jahrhundertprojekt Rheinauhafen – der Umbau des Hafenviertels in ein modernes Wohn-, Dienstleistungs-, und Museumsquartier – wurde 2014 abgeschlossen.

INFORMATION
KölnTourismus, Kardinal-Höffner-Platz 1, 50667 Köln, Tel. 0221 34 64 30, www.koelntourismus.de

Sehenswert

DOM
Der ab 1248 errichtete gotische ❶ **Dom St. Peter und Marien** TOPZIEL (www.koelner-dom.de; Mai–Okt. Mo.–Sa. 6.00–21.00, sonst Mo.–Sa. 6.00–19.30, So. jeweils 13.00 bis 16.30 Uhr) überragt mit seinen 157 m hohen Türmen die Stadt Köln. Der Dreikönigenschrein hinter dem Hochaltar ist ein Meisterwerk mit-

Museum Ludwig vor dem Kölner Dom; Rathaus am Alter Markt; St. Gereon verbindet Spätantike mit mittelalterlicher Baukunst.

telalterlicher Goldschmiedekunst, das angeblich die Gebeine von Caspar, Melchior und Balthasar hütet. Das Chorgestühl (um 1320) gilt als größtes Deutschlands, das Gerokreuz (um 980) in der Kreuzkapelle als die älteste Großskulptur des Heilands nördl. der Alpen. Das älteste Fenster des Doms (um 1260) in der Dreikönigskapelle zeigt Szenen aus dem Neuen und Alten Testament; das jüngste im Südquerhaus, ein aus Farbquadraten geschaffenes Lichtwunder (2007), stammt von Gerhard Richter. Die Domschatzkammer an der Nordseite zeigt sakrale Kunst von der Spätantike bis ins 20. Jh. (www.domschatzkammer-koeln.de; tgl. 10.00–18.00 Uhr). Der Südturm kann bestiegen werden: Nach 533 Treppenstufen reicht der Blick bis zum Siebengebirge (Mai–Sept. tgl. 9.00–18.00, März, April und Okt. tgl. 9.00 bis 17.00, Nov.–Feb. tgl. 9.00–16.00 Uhr).

NÖRDLICHE ALTSTADT
Die ❹ **Bastei**, ein expressionistisches Panoramarestaurant, und die dreitürmige Kirche ❸ **St. Kunibert**, die jüngste der 12 romanischen Kirchen Kölns, prägen die Rheinfront der nördl. Altstadt. Dahinter liegen mit dem **Kunibertsviertel** und dem **Eigelstein** zwei volkstümliche und bei jungen Kreativen beliebte Veedel. Die ❻ **Eigelsteintorburg** (13. Jh.), eines der erhaltenen mittelalterlichen Stadttore, grenzt die Altstadt nach Norden ab. Ein großes Zehneck (13. Jh.) überkuppelt in ❽ **St. Gereon** eine ovale Kirche aus dem 4. Jh. Das ⓫ **Hahnentor** regelte im 13. Jh. den Zugang von Westen. Dahinter erstreckt sich das **Friesenviertel** mit umtriebigen Shoppingmeilen. Im Westen des ⓬ **Neumarkts** türmt sich die **St. Aposteln** (ab 11. Jh.) auf. Das ⓮ **4711-Haus** ist Wiege des Eau-de-Cologne-Herstellers und Sitz des Duftmuseums (Glockengasse 4, www.4711.com; Führung Sa. 13.00 Uhr). Das mit einer Renaissancelaube an der Hauptfassade versehene **Rathaus** (14. Jh.) überragt mit seinem 61 m hohen Turm (15. Jh.) den ⓱ **Alter Markt**, die gute Stube der Alt-

INFOS & EMPFEHLUNGEN

stadt. Die **Archäologische Zone MiQua** (www.miqua.lvr.de) vor dem Rathaus erlaubt v. a. Einblicke in die römische und jüdische Vergangenheit (Zugang Kleine Budengasse 2; Di.–So. 10.00–17.00 Uhr); die unter einer Glaspyramide auf dem Rathausplatz sichtbare Mikwe (jüdisches Ritualbad) wird mit dem antiken Ubiermonument Teil eines unterirdischen Museumskomplexes. Südl. des Rathauses steht mit dem **Gürzenich** Kölns spätmittelalterliches Festhaus (ab ca. 1445).

SÜDLICHE ALTSTADT

Der zum FrauenMediaTurm inklusive Sitz der feministischen Zeitschrift „Emma" umgewidmete ㉔ **Bayenturm** (ab 13. Jh.) und die romanische Kirche ⑲ **St. Maria Lyskirchen** (um 1220) sind Blickfang am Rheinufer der Altstadt Süd. Das ㉓ **Severinstor** (13. Jh.) schließt nach Süden ab. Im Norden der Severinstraße steht die romanische Säulenbasilika ㉑ **St. Georg** (11. Jh.). Das ⑱ **Overstolzenhaus** ist Kölns einziges erhaltenes romanisches Patrizierhaus (um 1225, Rheingasse 8; Kunsthochschule für Medien). Mitte des 10. Jh. entstand ㉒ **St. Pantaleon** mit seinen schlanken Rundtürmen.

NEUES KÖLN

Der ⑳ **Rheinauhafen** (www.rheinauhafen-koeln.de) verlängert Kölns Rheinpanorama mit auskragenden Kranhäusern nach Süden. Peter Zumthor hat über der Ruine der im Zweiten Weltkrieg zerstörten Pfarrkirche St. Kolumba das ⑯ **Kolumba – Kunstmuseum des Erzbistums Köln** errichtet; durchlässiges Mauerwerk lässt diffuses Licht ins Innere (Kolumbastraße 4, www.kolumba.de; Mi.–Mo. 12.00 bis 17.00 Uhr). Das **Weltstadthaus**, von Renzo Piano für Peek & Cloppenburg gebaut, bringt interessante Eleganz in die Fußgängerzone **Schildergasse** (Nr. 65). Der gläserne LVR-Büroturm ㉖ **KölnTriangle** mit tollem Rundumblick von der Aussichtsplattform ist ein Wahrzeichen der rechten Rheinseite (Ottoplatz 1, www.koelntriangle.de; Mai bis Sept. Mo.–Fr.

> **Tipp**
>
> ## Chic belgique
>
> Gradmesser des Hip-Faktors sind die vielen coolen Cafés und Boutiquen zwischen Aachener Straße, Hohenzollernring und Venloer Straße. Nicht nur im „Blutsgeschwister La Kölsche Vita" wird gezeigt, wie angesagt Karo- und Pünktchenmuster sein können, und die Terrassen von Metzgerei Schmitz und Salon Schmitz an der Aachener Straße machen die Nacht zum Tag. Anf. Juni feiert sich das Viertel mit dem Fashion-, Music- und Kunst-Event „Le Bloc".
>
> **WEITERE INFORMATIONEN**
> www.chicbelgique.de, www.lebloc.de

11.00–23.00, Sa., So. ab 10.00, sonst Mo.–Fr. 12.00–20.00, Sa., So. ab 10.00 Uhr, bei Sturm und Gewitter geschl.). Nahe der Messe liegt das ㉕ **Odysseum** (www.odysseum.de), ein Abenteuermuseum.

Museen und Kunst

Die reiche Museumslandschaft und eine international agierende Galerienszene machen Köln zur deutschen Kunstmetropole (www.museen koeln.de und www.koelngalerien.de). Im ⑦ **Kölnischen Stadtmuseum** passiert die Stadtgeschichte Revue (Zeughausstraße 1, www.museenkoeln.de/koelnisches-stadtmu seum; Dauerausstellung z. Zt. wegen Sanierungsarbeiten geschl,. Sonderausstellungen Di. 10.00–20.00, Mi.–So. 10.00–17.00 Uhr).). Das ① **Römisch-Germanische Museum**, 1974 am Fundort des antiken Dionysos-Mosaiks gebaut, zeigt Funde ab der Urgeschichte (Roncalliplatz 4, www.roemisch-germanisches-museum.de; Di.–So. 10.00–17.00 Uhr). Das ① **Museum Ludwig** TOPZIEL gehört zu den bedeutenden Museen für die Kunst des 20. und 21. Jh. (Heinrich-Böll-Platz, www.museum-ludwig.de; Di. bis So. 10.00–18.00 Uhr). Im ⑮ **Wallraf-Richartz-Museum & Fondation Corboud** ist europäische Malerei des 13.–19. Jh. zu sehen (Obenmarspforten, www.wallraf.museum, Di.–So. 10.00–18.00 Uhr). Das ⑯ **Museum für Angewandte Kunst**, Kölns schönstes Nachkriegsmuseum, zeigt Design in Beziehung zur bildenden Kunst (An der Rechtschule, www.makk.de; Di.–So. 10.00–18.00 Uhr). Das ⑬ **Rautenstrauch-Joest-Museum**, jüngster unter Kölns großen Museumsbauten, lädt zu einer Reise durch die Kulturen unserer Erde ein (Cäcilienstraße 29, www.museenkoeln.de/rauten strauch-joest-museum; Di.–So. 10.00–18.00 Uhr). Das ⑬ **Museum Schnütgen** für mittelalterliche Kunst zeigt in der romanischen Cäcilienkirche Exponate aus acht Jahrhunderten (Cäcilienstraße 29, www.museum-schnuetgen. de; Di.–So. 10.00–18.00 Uhr). Die Sammlung chinesischer, japanischer und koreanischer

Die „Bastei" am Nordrand der Altstadt (oben). Im 4711-Haus in der Glockengasse duftet es nach Kölnisch Wasser.

Kunst im ⑩ **Museum für Ostasiatische Kunst** ist einzigartig (Universitätsstraße 100, www.museum-fuer-ostasiatische-kunst.de; Di.–So. 11.00–17.00 Uhr). Im ⑤ **Skulpturenpark** (Elsa-Brändström-Straße 9, www.skulptu renparkkoeln.de) sind unter freiem Himmel hochkarätige zeitgenössische Skulpturen zu sehen. Das ⑳ **Schokoladenmuseum** präsentiert den Werdegang der Kakaobohne zur Schokotafel (Rheinauhafen, www.schokoladen museum.de; Mo.–Fr. 10.00–18.00, Sa., So., Fei. 11.00–19.00 Uhr). Einige Museen sind am 1. Do. im Monat bis 20.00/22.00 Uhr geöffnet.

Musik und Theater

Das Programm der ① **Kölner Philharmonie** umfasst Klassik, Neue Musik, Jazz und kölsche Töne (Bischofsgartenstraße 1, Karten-Tel. 02 21 28 02 80, www.koelner-philharmonie.de). Die 1962 eröffnete ⑭ **Kölner Oper** wird saniert; Aufführungen finden auch in anderen Spielstätten statt (Tel. 02 21 22 12 84 00, www.oper. koeln/de). Im ② **MusicalDome** gastieren Musicalensembles (Goldgasse 1, www.mehr.de/ spielstaetten/musical-dome-koeln/musical-dome-koeln). Konzerte u. a. finden in der **Lanxess-Arena** statt (Willy-Brandt-Platz 3, www. lanxess-arena.de).
Daneben gibt es etliche **Clubs**: Avantgarde im Loft (Wissmannstraße 30, www.loftkoeln.de), Jazz im Stadtgarten (Venloer Straße 40, www. stadtgarten.de), Dancefloor im Gebäude 9 (Deutz-Mülheimer-Straße 127, www.gebaeude 9.de), Rock, Pop, Electronic im Blue Shell (Luxemburger Straße 32, www.blue-shell.de) sowie um den Friesenplatz und in Ehrenfeld. Das ⑭ **Schauspiel** (Tel. 02 21 22 12 84 00, www.schauspielkoeln.de) wird wie die benachbarte Oper saniert. Bis zur Wiedereröffnung finden die Aufführungen im Depot 1–2 und der Grotte Carlswerk (Schanzenstr. 6) in Köln-Mülheim statt. Experimentelles Theater ist in der **Studiobühne** Programm (Universitätsstraße 16a, http://studiobuehnekoeln.de). Anspruchsvolle Unterhaltung bietet das **Theater im Bauturm** (Aachener Straße 24, www.theater-im-bauturm.de). Kabarett gibt es im **Senftöpfchen** (Große Neugasse 2, www.senftoepfchen -theater.de) und im **Comedia** (Vondelstraße 4, www.comedia-koeln.de).

Tipp

Wellnessoase

Kölns schönste Wellnessoase steht unter Denkmalschutz: Das Neptunbad wurde 1912 als öffentliche Badeanstalt eröffnet. In der ehemaligen Schwimmhalle werden heute Muskeln trainiert, und unter der Kuppel des Kaiserbads im 37 °C warmen Wasser kann man zu Sphärenklängen meditieren.

⑨ Neptunbad, Neptunplatz 1, Köln-Ehrenfeld, www.neptunbad.de
tgl. 9.00–24.00 Uhr

Einkaufen

In der Fußgängerzone **Hohe Straße** und **Schildergasse** reiht sich ein international tätiger Filialist an den anderen. Trendiger ist das Angebot an der **Ehrenstraße**. Die hochpreisige **Mittelstraße** steht für Mode mit Couture-Anspruch. Als Fashion District mit Avantgarde-Labels lockt das **Belgische Viertel.**

Hotels / Brauhäuser

Im €€€ / €€ **St. Joseph** verbindet sich der historische Bau mit modernem Interieur (Dreikönigenstraße 1–3, 50678 Köln, www.hopper.de). Viele der puristischen Zimmer des €€ **Eden Hotel Früh am Dom** hat Domblick (Sporergasse 1, 50667 Köln, www.hotel-eden.de), das €€ **art'otel** im Rheinauhafen bietet außergewöhnlich gestaltete Zimmer (Holzmarkt 4, 50676 Köln, www.artotels.com).

BRAUHÄUSER

Das € **Sion** ist ein Altstadt-Traditionshaus mit großen Sälen (Unter Taschenmacher 5). Das € **Päffgen** besitzt Beichtstuhl (Kassenhäuschen) und Biergarten (Friesenstraße 64). € **Früh em Veedel** ist meist rappelvoll (Chlodwigplatz 28, Mo., So. geschl.). € **Reisdorf em Unkelbach** ist ein Brauhaus der gutbürgerlichen Art (Luxemburger Straße 260). € **Em Golde Kappes** zeigt Originalinterieur von 1913 (Neusser Straße 295, Tel. 02 21 92 29 26 40; So. geschl.).

Genießen   Erleben   Erfahren

Rollend durch den Rheinauhafen

DuMont Aktiv

Mit dem Umbau des Rheinauhafens in ein Wohn- und Geschäftsviertel verlängerte die Domstadt ihre Schokoladenseite nach Süden. Allein die Tiefgarage unter dem Neubauviertel misst 1,6 km! Grund genug, bei der Erkundung des Viertels auf den Segway umzusteigen.

Nächster Halt: „Kontor 19". Eine leichte Beugung nach vorn, und der Segway steht still. Vom Gold und Dunkelgrau schimmernden Büroriegel schweift der Blick nach Süden zum mittelalterlichen Bayenturm, hinter dessen Mauern Alice Schwarzers Feministisches Archiv untergebracht ist. Im Norden kragen die gläsernen Kranhäuser von BRT – Bothe Richter Teherani zum Rhein aus, dahinter thront der Dom. Mehr altes und neues Köln auf einmal geht nicht. Die Führerin unserer Segway-Tour zeigt eine Aufnahme des Rheinauhafens vor dem Umbau. Man sieht Lastkähne und Kontore, wo heute futuristische Büro- und Wohnbauten stehen.

Knapp zwei Kilometer misst die Uferfront des Rheinauhafens. Dank des Segway ist die „Classic Tour", die auch in den Rheinauhafen führt, ein Klacks und ein Frischluftvergnügen zugleich. Das zweirädrige, elektrisch angetriebene Fahrzeug lässt sich mit ein bisschen Übung einfach fahren – durch Körperneigung und Verlagerung des Gleichgewichts in die Richtung, in die man fahren möchte. Der Rheinauhafen ist das Lieblingsterrain der Führerin, die noch weitere Touren für „Segway Tour Köln" betreut: „Nirgendwo hat Köln mehr moderne Architektur und Urlaubsgefühl auf einmal zu bieten." Spricht's und surrt Richtung Südkai voran.

Weitere Informationen

Eine ganze Reihe von Spezial-Veranstaltern bietet Segway-Touren durch Köln an, die auch individuell gestaltet werden können. **Seg Tour Köln** hat mehrere feste Touren im Programm: Classic Tour (3 Std., inklusive Rheinauhafen), Colonia (3 Stdt., die historische Stadt und ihre Highlights), pro Tour bis zu 8 Teilnehmer, Führerschein bzw. Miofa-Prüfbescheinigung erforderlich, Körpergewicht mindestens 45, maximal 120 kg, www.seg-tour-koeln.de. Weitere Veranstalter sind **Segway Tours Cologne**, www.segway-tours-cologne.de, und **Gleitzeit**, www.gleitzeitgmbh.de.

Junger Charme der alten Republik

Unter den Charme der alten Bundesrepublik, der in Fachwerkidyllen wie Linz oder hinter den Stadtmauern von Andernach spürbar ist, mischt sich ein frischer Wind. Auf dem Drachenfels ist ein modernes Ausflugslokal entstanden, und am Rolandsbogen hat ein trendiges Berliner Weinhaus die Gastronomie übernommen. Auch Bonn hat den Sprung ins 21. Jahrhundert absolviert.

Herz der Bonner Altstadt ist der Marktplatz mit dem Rathaus, das von seiner Rokokofassade geprägt ist.

Die Mitte des 12. Jahrhunderts errichtete Doppelkirche St. Maria und Clemens im Bonner Stadtteil Schwarzrheindorf wird für ihre Deckenmalereien gerühmt: Blick von der unteren hinauf zur oberen Kirche.

Bonns Altstadt ist von Einheimischen wie Studenten belebt, in der Sternstraße wird flaniert, geschaut und geshoppt.

Drei weithin sichtbare kegelförmige Lichttürme stehen für den Dreiklang von Architektur, Malerei und Skulptur: Kunst- und Ausstellungshalle der Bundesrepublik Deutschland in Bonn.

> Bonn galt je nach Sichtweise als „kleine Hauptstadt für zwischendurch" oder als „wunderbares Provisorium".
>
> Friedrich Küppersbusch / Norbert Blüm

Wenige Kilometer nördlich der Siegmündung bilden dampfende Schlote und gigantische Öltanks eine Science-Fiction-Kulisse. Wesseling, Standort von Unternehmen der Chemieindustrie und Raffinerien, ist im Kammerbezirk der IHK Köln die Stadt mit dem größten prozentualen Anteil an Gewerbeflächen. Noch von der Siegmündung sind Ausläufer des Industriekomplexes zu erkennen.

Am Ufer des Rheinnebenflusses aber stürmen statt Schloten majestätische Pappeln in den Himmel. Altarme und Feuchtauen verwandeln die Ufer in eine amphibische Landschaft. Kiesbänke werden von Silber- und Korbweiden beschattet. Ein Eisvogel blitzt metallischblau übers Wasser. Mit etwas Glück sehen Wanderer, die das Naturschutz-Idyll erkunden, einen Schwarzmilan über sich kreisen. Wer über den Fluss möchte: Auf Höhe des Ausflugslokals „Zur Siegfähre" pendelt im Sommerhalbjahr die „Sankt Adelheid" über den Fluss. Die Passage mit Deutschlands einziger Ein-Mann-Fähre dauert ganze eineinhalb Minuten.

Weg zur Bundeshauptstadt

Regiert wurde in Bonn schon immer, ein bisschen zumindest. Daran erinnern Stadt- und Poppelsdorfer Schloss. Beide sind Hinterlassenschaften von Kurfürst Clemens August, der als letzter Wittelsbacher bis 1761 in Bonn Hof gehalten hat. Clemens August war ein kunstsinniger und vergnügungssüchtiger Herrscher, der Bonn mit rokokoketten Bauten zur eleganten Residenzstadt des Kurstaats Köln ausgebaut hat. Es ging fidel bei Hofe zu: Der Kurfürst soll sich zu Tode getanzt haben.

Nicht ganz so heiter waren die Anfänge Bonns als Hauptstadt der Bundesrepublik Deutschland. Immerhin zu einem Drittel war die Stadt im Zweiten Weltkrieg zerstört worden. Es blieben jedoch genug Räumlichkeiten, um 1948 den Parlamentarischen Rat, der das Grundgesetz eines neuen deutschen Staats entwerfen sollte, unterzubringen. Den Vorsitz führte Konrad Adenauer. Der Rest ist die Geschichte einer Hauptstadt, die dem mit Demut das internationale Parkett wieder betretenden Land gut zu Gesicht stand. Denn eine Weltstadt war Bonn auch als Hauptstadt nicht.

Das zeigt auch – über 20 Jahre nach dem Votum des Bundestags für den Regierungsumzug nach Berlin – ein Bummel durch das nun „Bundesstadt" genannte Bonn. Zwischen romanischem Münster, Rheinufer und Hofgarten lädt eine lebenslustige Stadt mit menschlichen Ausmaßen zum Flanieren, Ein-

Blick entlang der Promenade auf Schloss Augustusburg in Brühl – hier von der Morgensonne in Szene gesetzt.

Beethoven-Denkmal auf dem Münsterplatz in Bonn und Savoir-vivre
auf der Sonnenterrasse des Weinbistros und Cafés „Midi"

Ist Augustusburg von außen noch vergleichsweise schlicht für ein Rokokoschloss, wird im Inneren jegliche Zurückhaltung aufgegeben: Treppenhauspracht von Balthasar Neumann.

Weg der Demokratie

Zu Fuß in die junge Bundesrepublik

 Special

Skulptur von Henry Moore vor dem früheren Bundeskanzleramt

Der deutsche Weg zur Demokratie war lang. Kurz dagegen ist der Bonner „Weg der Demokratie".
Mit dem Bundesrat im Bundeshaus ist Punkt 1 erreicht. Der Umbau der Pädagogischen Akademie zum Bundeshaus – Punkt 2 – begann 1949. Es folgt Punkt 3, der Plenarsaal des Deutschen Bundestages. Von 1986 bis 1992 tagte der Deutsche Bundestag im Wasserwerk – Punkt 4. Das Bundeskanzleramt, Punkt 8, sah als ersten Hausherrn Helmut Schmidt. Ludwig Erhard hat 1963 den Bau des benachbarten Kanzlerbungalows beauftragt. Die Villa Hammerschmidt war einst Amtssitz des Bundespräsidenten (www.wegderdemokratie.de).

kehren, Anschauen ein. Die „Bonner Republik" ist tot – es lebe Bonn!

Sprung ins 21. Jahrhundert

Am Bonner Bogen setzte Bonn zum städtebaulichen Sprung ins 21. Jahrhundert an. Linksrheinisch überragt der 162 Meter hohe Post Tower den Freizeitpark Rheinaue. Weiter stromaufwärts schlagen die gläsernen Fassaden des europäischen Forschungszentrums Caesar Wellen.

Auf der anderen Seite des Stroms ist rund um das Gelände der aufgelassenen Zementfabrik Rohmühle eine hypermoderne Uferbürocity entstanden. Die trutzburgartige, um einen gläsernen Anbau erweiterte Rohmühle beherbergt Büros von Softwareunternehmen, ein renommiertes Studienkolleg und das RestaurantCafé Rohmühle. Schick und trendy wird es im spacigen Kameha Grand Hotel, das einem elliptisch gebogenen Raumschiff ähnlich am Rheinufer angedockt hat.

Gleich daneben schließen die auskragenden Büroriegel von Rheinwerk 3 das Areal ab. Allein in der weißen, transparenten Hülle der Drillingsbauten, selbstverständlich als ökologisch durchdachte Green Buildings zertifiziert, arbeiten seit der Fertigstellung 2014 tausend Angestellte. Der Bürostandort Bonn boomt!

An der Mündung der Sieg in den Rhein bei Mondorf (oben links). Neugotischer Burgentraum: Drachenburg auf dem Drachenfels von Königswinter (oben rechts). Mit der Ein-Mann-Fähre über die Sieg bei Bergheim (unten links). Der Architekt Richard Meier schuf den modernen Anbau des Arp Museums Rolandseck mit Blick auf den Rhein (unten rechts).

Vom Rolandsbogen geht der Blick hinüber zum Siebengebirge mit dem Schloss Drachenburg und dem Gästehaus der Bundesrepublik, dem Petersberg, auf dem jahrzehntelang Geschichte geschrieben wurde.

Der Ausblick vom Drachenfels ist ein Hochgenuss – der Recke Siegfried soll allerdings nur Augen für den legendären Drachen gehabt haben.

Wiege der Rheinromantik

35 Millionen Besucher können nicht irren. So viele Passagiere hat die Drachenfelsbahn seit ihrer Eröffnung 1883 auf den 312 Meter hohen Drachenfels gebracht. Das Wahrzeichen des Siebengebirges ist zudem einer der meistbestiegenen Gipfel der Welt. Wie viele Besucher zu Fuß hinaufkommen, ist allerdings unbekannt. Sehr viele jedenfalls, denn der Fels zählt dank Nibelungenlied zu einem der Zentren der Rheinromantik. Hier soll Siegfried seinen Drachen getötet haben.

Auch die von doppelten Säulen getragene Ruine der Klosterkirche Heisterbach war Pflicht für die Rheinreisenden des 19. Jahrhunderts. Erhaben noch als Ruine, ragt der Chor im Heisterbacher Tal empor. An so viel malerischer Ruinenromantik konnte eine empfindsame Seele nicht vorbeigehen.

Verbummeltes Rheintal

Nur im Winter, wenn die kahlen Bäume den Blick freigeben, ist das Kloster auf der Insel Nonnenwerth in seiner spätbarocken Schönheit vom Rheinufer aus zu sehen. Die übrige Zeit des Jahres harren Insel und Kloster in einer Art Dornröschenschlaf aus, aus dem sie auch nicht das dem Kloster angegliederte Gymnasium erweckt. Franz Liszt hat sich 1840/41 mit Marie d'Agoult hierher zurückgezogen. Aus dem Plan, sein Leben auf Nonnenwerth zu verbringen, wurde allerdings nichts.

Vom Rolandsbogen fällt der Blick ebenfalls auf die Insel im Strom. Es hat sich einiges auf dem kleinen Felsplateau hoch über dem Rhein verändert. Verbummelt aber bleibt die Anfahrt vorbei an Schafswiesen, Esskastanien und Grimm'schen Märchenwäldern.

Nächster Halt: Hans Arp. Dem Dadaisten, 1886 in Straßburg geboren, gestorben 1966 in Basel, ist mit dem umgebauten Bahnhof Rolandseck und einem vom amerikanischen Architekten Richard Meier in den Hang darüber gebauten Neubau ein besonderes Museum gewidmet. Nach anfänglichen Streitigkeiten um die Authentizität einiger Werke ist ins Arp Museum Rolandseck Frieden eingekehrt. Sonderausstellungen, hochkarätige Lesungen und Konzerte haben das Museum zu einem Nabel der Kulturlandschaft Unterer Mittelrhein gemacht.

Westerwald und Eifel

Bei Rheinbrohl lag in der Antike der Caput Limitis. Von hier zog sich der 550 Kilometer lange Grenzwall rheinaufwärts bis an die Donau. Der im ersten Jahrhundert unter Kaiser Vespasian be-

Eine Frage des persönlichen Geschmacks: Einkehr im Weinhaus „Im Lämmlein" in der Pützgasse von Unkel (oben) oder in der Gutsschenke im Hofgarten Dernau im Ahrtal (unten).

Die dreischiffige Abteikirche des Benediktinerklosters Maria Laach gilt mit ihren Türmen und Chören als einer der Höhepunkte rheinischer Romanik.

Cafés, Restaurants und gemütliches Fachwerk säumen den Marktplatz von Linz am Rhein.

gonnene Limes sollte Römisches Reich und Germanien trennen. Mittlerweile ist der Obergermanisch-Rätische Limes UNESCO-Welterbestätte. In Rheinbrohl erinnert ein rekonstruierter Wachturm an das Titanenprojekt der Römer Wie der Alltag hinter dem Limes aussah, zeigt die „RömerWelt" im Rheinbrohler Weiler Arienheller. Mitmachen erwünscht! An dieser Stelle sei nur so viel verraten: Das Tragen eines Kettenhemds erfordert den ganzen Besucher.

Morgengebet um fünf Uhr, danach Arbeiten im Klostergarten: Auch die Einkehr bei den Benediktinern im Kloster Maria Laach erfordert den ganzen Menschen, wie Prior-Administrator Pater Andreas versichert. Das Kloster, ein Meisterwerk der rheinischen Romanik in romantischer Lage am See, ist ein Touristenmagnet. Umso stiller verlaufen die Einkehrtage und Exerzitien in der Klausur und dem Gästehaus

So still wird es in Andernach während der Saison kaum. Schließlich lässt der Kaltwassergeysir auf der Rheinhalbinsel Namedyer Werth seine Fontäne hoch in die Luft schnellen. Das Erlebniszentrum Geysir in Andernach kam hinzu und seitdem brummt es im Rheinstädtchen. Dank rund 100 000 Besuchern pro Jahr ist das Schiff, das das interaktive Museum und den Geysir verbindet, immer gut gebucht.

DUMONT THEMA

NUTZUNG ALTER INDUSTRIEBAUTEN

Erbe der Industrialisierung

So manches Erbe wiegt überaus schwer. Vor allem die Rettung oder Umwidmung der denkmalgeschützten industriellen Trutzburgen ist nicht immer einfach. Schon gar nicht, wenn es sich wie bei der Sayner Hütte um ein Kulturdenkmal von internationaler Bedeutung handelt.

Nicht mit der Herrschaft Preußens begann das industrielle Zeitalter am Rhein, sondern mit den Franzosen. Die führten das erste Handelsgesetzbuch und die Gewerbefreiheit ein, schafften zugleich den Adel ab und eröffneten Städten wie Köln und Koblenz den Weg in den Kapitalismus. Als die Preußen kamen, waren die Strukturen bereits geschaffen, um das Rheintal zum Silicon Valley des 19. Jahrhunderts zu machen.

Monumentale Industriebauten ...

Vom Boom zeugen stattliche, respektheischende Industriebauten wie das neugotische Ziegelgebirge der Löhnberger Mühle, einer Dampfmühle, die sich an der Grenze von Niederlahnstein zu Horchheim befindet. Ob der monumentale Bau als Industriedenkmal erhalten bleibt oder ob auf dem Gelände ein Freizeitpark errichtet wird, ist strittig. Im Fall der Sayner Hütte dagegen ist sicher: Die vom Königlich-Preußischen Hütteninspektor Karl Ludwig Althans entworfene, 1829/30 aus vorgefertigten Eisengusselementen errichtete Gießhalle bleibt als „Historisches Wahrzeichen der Ingenieurbaukunst Deutschlands", zu dem sie im Jahr 2010 von der Bundesingenieurkammer erwählt wurde, erhalten. Dafür sorgt die im Jahr 2012 ins Leben gerufene, sowohl vom Land Rheinland-Pfalz und dem Landkreis Mayen-Koblenz als auch der Stadt Bendorf initiierte Stiftung Sayner Hütte.

... mit neuen Maßstäben

Die von monumentalen Hohlsäulen getragene Gießhalle, deren revolutionäre Binderkonstruktion ohne Nieten und Schrauben seinerzeit ohne architektonische Vorbilder war, setzte neue Maßstäbe für den Bau weit gespannter Tragwerke aus Gusseisen – Brücken, Markthallen, Bahnhofsgebäude und Aussichtstürme.

Neben der Gießhalle selbst, deren Tragwerk samt gläserner Fassadenteile in den Jahren 2012 bis 2014 umfassend renoviert wurde, gehören zum Denkmalensemble Sayner Hütte noch das Kur-Trierische Comptoir von 1769 und die im Jahr 1908 errichtete Backsteinhalle aus der Krupp'schen Ära.

Letztere wurde in ihrer Außenfassade denkmalgerecht zurückgebaut

Die Gießhalle der Sayner Hütte war bis 1926 in Betrieb. Mit ihrem erhöhten „Mittelschiff" erinnert sie an eine Basilika.

Das Wort Baukunst wird in Sayn überaus anschaulich (ganz oben). Oben: das Künstlerehepaar Rita Ternes und Thomas Naethe

Fakten & Informationen

Freundeskreis Sayner Hütte e.V., www.freundeskreis-saynerhuette.de

Stiftung Sayner Hütte,
Schloss Sayn, Schlossstr. 100,
56170 Bendorf-Sayn,
Tel. 02622 90 29 15,
www.saynerhuette.org

und 2017 als Besucherzentrum neu eröffnet. Vollendet ist inzwischen auch die Renovierung des Direktorenhauses aus der Zeit um 1865.

Umnutzung

Die Keramikkünstler Rita Ternes und Thomas Naethe haben die spätklassizistische Villa beim Besuch einer Ausstellung des Instituts für künstlerische Keramik der Fachhochschule Koblenz in der Sayner Hütte entdeckt. Ihr Nutzungskonzept für die verfallene Villa als Atelier- und Wohnhaus überzeugte die Stadt Bendorf, den beiden Künstlern das Objekt zu verkaufen.

Rita Ternes benutzt als Basis ihrer Werke gleichmäßig starke Steinzeugplatten; Thomas Naethe zitiert in seinen konzentrisch und horizontal gegliederten Gefäßen die Formensprache des Barock. Neben der Arbeit am Brennofen war das Künstlerpaar in der Folgezeit meist auf der Baustelle zu finden, bis nach fünf Jahren der Einzug gefeiert werden konnte. Als Mitglieder im Freundeskreis Sayner Hütte, der die Sanierung des Industriedenkmals vorantreibt, verfolgen sie aufmerksam den Fortgang der Arbeiten. Und sie wissen, dass sie am richtigen Ort angekommen sind.

Ein ehemaliges Idyll

2015 fand mit der Schau „Krupp und Sayn" die erste Ausstellung im Industriedenkmal statt. Beleuchtet wurde die Bedeutung der Sayner Hütte für den aufstrebenden Krupp-Konzern. Der Ort war darüber hinaus ein Refugium für die Industriellendynastie. 1884 hatte die Familie in der Nähe eine Jagd gepachtet. 1886 folgte der Kauf von Schloss Sayneck, einem Fachwerkbau und dem genauen Gegenteil der monumentalen Villa Krupp in Essen. Vier Generationen verbrachten hier Jagdwochenenden und Sommerfrische. Erst 1967 endete die Ära mit dem Tod von Alfried Krupp von Bohlen und Halbach.

Wochenendglück für Kölner, Bonner und Koblenzer

Dramatisch ist der Rhein woanders. Zwischen Bonn und Koblenz steigen die Ufer recht gemächlich an. Abgesehen von Höhepunkten wie dem Drachenfels ist der Untere Mittelrhein eher Ziel für Ausflügler aus der Region. Wo die Ufer flacher werden, siedelten sich bereits im 19. Jahrhundert Industrieanlagen an.

❶ Bonn

Als Gründungsjahr der Stadt (314 000 Einw.) gilt 11 v. Chr., als die Römer hier Befestigungen anlegten. Im Barock erblühte Bonn als Residenz der Kurfürsten und Erzbischöfe von Köln. Die beschauliche Universitätsstadt (seit 1784) wurde 1949 Hauptstadt der Bundesrepublik Deutschland (bis 1999). Beim Abzug von Parlament und Regierung nach Berlin blieben einige Ministerien am Rhein, doch wichtiger für die Neuorientierung waren der Zuzug zahlreicher UN-Organisationen und die Ansiedlung von Firmenzentralen wie die der Deutschen Telekom.

Bonn modern mit der Kunst- und Ausstellungshalle der Bundesrepublik Deutschland und romanisch mit dem Münster, einem staufischen Großbau

SEHENSWERT

Das 900 Jahre alte **Münster St. Martin** fußt auf einem römischen Gräberfeld (www.bonner-muenster.de; wegen Sanierung bis mindestens 2019 geschl.); auch der angrenzende Kreuzgang ist romanisch (Mo.–Sa. 10.00–17.30 Uhr). Herz der Altstadt ist der **Marktplatz** mit dem Rokoko-Rathaus (1737/ 38; Repräsentationsräume Mai–Okt. 1. Sa. im Monat 12.00–16.00 Uhr). Die **Friedrich-Wilhelms-Universität** belegt die ehemalige kurfürstliche Residenz. In die barocke Vierflügelanlage (18. Jh.) integriert ist das Koblenzer Tor, über dem sich das Ägyptische Museum befindet (Regina-Pacis-Weg 7, Tel. 02 28 73 97 10, www.museen.uni-bonn.de; Di.–Fr. 13.00–17.00, Sa. und So. 13.00–18.00 Uhr). Eine Sichtachse führt zum Poppelsdorfer **Schloss Clemensruh**, Sommerresidenz von Kurfürst Clemens August; deren Barockpracht (bis 1740) wird vom **Botanischen Garten** der Universität (www.botgart.uni-bonn.de; April bis Okt. So.–Fr. 10.00–18.00, Nov.–März Mo.–Fr. 10.00–16.00 Uhr) eingefasst. In den Gewächshäusern (ganzjährig So.–Fr. 10.00–12.00, 14.00 bis 16.00, April–Okt. auch So. 10.00–17.30 Uhr) gedeihen u. a. die größten Seerosen der Welt.

MUSEEN

Im **Beethoven-Haus** kam Ludwig van Beethoven (1770–1827) zur Welt (Bonngasse 18, www.beethoven-haus-bonn.de; April–Okt. tgl. 10.00–18.00, Nov.–März Mo.–Sa. 10.00–17.00, So. und Fei. 11.00–17.00 Uhr). Das **LVR-LandesMuseum** (Colmantstraße 14, www.landesmuseum-bonn.lvr.de; Di.–Fr., So. 11.00–18.00, Sa. 13.00–18.00 Uhr) präsentiert die rheinische Kunst- und Kulturgeschichte.

Die Museumsmeile im Südosten der Stadt verläuft von der Adenauerallee bis zur Friedrich-Ebert-Allee. Den Auftakt macht das **Ernst-Moritz-Arndt-Haus** (1819) mit Biedermeierinterieur (Adenauerallee 79). Es folgt das **Zoologische Forschungsmuseum Alexander Koenig** (Adenauerallee 160, www.zfmk.de; Di.–So. 10.00–18.00, Mi. 10.00–21.00 Uhr). Weiter geht es mit dem **Haus der Geschichte der Bundesrepublik Deutschland**, das die deutsche Geschichte nach 1945 präsentiert (Willy-Brandt-Allee 14, www.hdg.de; Di.–Fr. 9.00–19.00, Sa., So. und Fei. 10.00–18.00 Uhr). Hier beginnt auch der **Weg der Demokratie**, der die zeithistorischen Orte im ehem. Regierungsviertel verbindet (www.wegderdemokratie.de). Das **Kunstmuseum Bonn** bietet vor allem Kunst aus Deutschland nach 1945 (Friedrich-Ebert-Allee 2, www.kunstmuseum-bonn.de; Di.–So. 11.00–18.00, Mi. 11.00–21.00 Uhr). Wahrzeichen der **Kunst- und Ausstellungshalle der Bundesrepublik Deutschland** sind die spitzen Dachkegel (Friedrich-Ebert-Allee 4, www.bundeskunsthalle.de; Do.–So. 10.00–19.00, Di., Mi. 10.00–21.00 Uhr).

HOTEL UND CLUB

Das Designhotel € € € **Kameha Grand** bietet einen hippen Club auf der Dachterrasse (Am Bonner Bogen 1, 53227 Bonn-Oberkassel, www.kamehabonn.de; 253 Z.).

UMGEBUNG

Die **Siegmündung** TOPZIEL ist mit ihren Auwäldern die letzte naturbelassene Mündung eines Rheinnebenflusses. Herz von **Bad Godesberg** ist der Stadtpark mit seltenen Baumriesen. Der Dadaist und Surrealist Max Ernst (1891–1976) kam in **Brühl** (44 500 Einw.) zur Welt (Max-Ernst-Museum, Comesstraße 42/ Max-Ernst-Allee 1, www.maxernstmuseum.lvr.de; Di–So. 11.00–18.00 Uhr). Nicht weit entfernt liegen zwei UNESCO-Welterbestätten: das **Schloss Augustusburg** TOPZIEL (bis 1768), repräsentative Residenz von Kölns Erzbischof Clemens August, dessen grandioses Treppen-

INFOS & EMPFEHLUNGEN

haus Balthasar Neumann entwarf, und das 1737 erbaute **Jagdschloss Falkenlust** mit Schlosspark (www.schlossbruehl.de; Feb.–Nov. Di.–Fr. 9.00–12.00, 13.30–16.00, Sa., So., Fei. 10.00–17.00 Uhr). Vor der Stadt gelegen, zählt das **Phantasialand** zu Europas größten Freizeitparks (www.phantasialand.de; April–Juni u. Sept., Okt. 9.00–18.00, Juli, Aug. bis 20.00 Uhr).

INFORMATION
Bonn-Information, Windeckstraße 1/Münsterplatz, 53111 Bonn, Tel. 0228 77 50 00, www.bonn.de und www.bad-godesberg.info
Touristik-Information Brühl, Uhlstr. 1, 50321 Brühl, Tel. 02232 7 93 45, www.bruehl.de

❷ Königswinter

Die beschauliche Mittelstadt (41 000 Einw.) gilt als Tor zum Siebengebirge.

SEHENSWERT
Über das Wandergebiet informiert das **Siebengebirgsmuseum** (Kellerstr. 16, www.siebengebirgsmuseum.de; Di.–Fr. 14.00–17.00, Sa. 14.00–18.00, So. ab 11.00 Uhr). Ausflugsziele sind die Chorruine des **Klosters Heisterbach** (nördl.; www.abtei-heisterbach.de) und der **Petersberg** (nördl.) mit dem Kurhotel von 1914, Gästehaus der Bundesrepublik Deutschland.

Am Rhein lassen sich Schiffs- und Radtouren schön kombinieren. Die Fontäne des Geysirs von Andernach schießt steil empor.

Am **Drachenfels** soll Siegfried den Drachen getötet haben. Richard Wagner vertonte das Thema im „Ring"; zu seinem 100. Geburtstag 1913 wurde die Nibelungenhalle gebaut (Bilder mit „Ring"-Szenen). Auf das Drachenthema stimmen Reptilienzoo und der Drachenhöhle ein (www.nibelungenhalle.de; Mitte März–Anf. Nov. tgl. 10.00–18.00, sonst Sa., So., Fei. 11.00 bis 16.00 Uhr). Alle drei liegen am Eselsweg hoch zum Drachenfels. Man kann auch die nostalgische Drachenfelsbahn nehmen (www.drachenfelsbahn.de); sie hält auf halber Strecke an der **Drachenburg** (www.schloss-drachenburg.de; Anf. März–Mitte Nov. tgl. 11.00 bis 18.00 Uhr). Den Drachenfels krönen die Burgruine (12. Jh.) und ein Restaurant.

UMGEBUNG
In **Rhöndorf** (südl.) befindet sich das Grab von Konrad Adenauer, das Wohnhaus ist Gedenkstätte (1876–1967; www.adenauerhaus.de).

INFORMATION
Tourismus Siebengebirge, Drachenfelsstr. 51, 53639 Königswinter, Tel. 02223 91 77 11, www.siebengebirge.com und www.koenigswinter.de

❸ Linz

Die „bunte Stadt am Rhein" (6400 Einw.) lockt mit farbenfroh getünchtem Fachwerk.

SEHENSWERT
Neutor und Rheintor sind Reste der mittelalterlichen **Befestigung** (14. Jh.). Mariensäule, Ratsherrenbrunnen und Renaissance-**Rathaus** (16. Jh.) möblieren den weiten Marktplatz. Heimelig ist der Burgplatz mit der **Kurfürstlichen Burg** (ab 14. Jh.; u. a. mit Folterkammer, römischer Glashütte; www.burg-linz.de). Die Pfarrkirche **St. Martin** (um 1210) mit ihren Fresken (um 1230) vereint spätromanische und frühgotische Elemente.

UMGEBUNG
In der RömerWelt von **Rheinbrohl** (südl.) kann man in den römischen Alltag eintauchen; der Limeswanderweg beginnt am Museum (www.roemer-welt.de; Mitte März–Mitte Nov. Di.–Fr. 10.00–17.00, Sa., So. und Fei. 10.00–18.00 Uhr). Weltweit bekannt wurde **Remagen** (16 000 Einw.) auf der linken Rheinseite durch die 1945 zerstörte Ludendorff-Eisenbahnbrücke, der im Kinofilm als „Brücke von Remagen" ein Denkmal gesetzt wurde. Die Brückentürme werden als Friedensmuseum genutzt (www.bruecke-remagen.de; Anf. März–Mitte Nov. 10.00–17.00, Mai–Okt. bis 18.00 Uhr). Die Plastiken des Skulpturenufers verbinden Remagen mit Rolandswerth. Auf halber Strecke ist der klassi-

> »Der Blick durch den Rolandsbogen auf Strom und Siebengebirge war Pflicht einer jeden Rheintour des 19. Jahrhunderts.«

zistische **Bahnhof Rolandseck** erreicht, der das **Arp-Museum** mit Werken des Künstlers Hans Arp (1886–1966) beherbergt (www.arpmuseum.org; Di.–So., Fei. 11.00–18.00 Uhr). Der Blick durch den **Rolandsbogen** (nördl.) auf Strom und Siebengebirge war Pflicht jeder Rheintour des 19. Jahrhunderts.

INFORMATION
Tourist-Information Linz, Rathaus am Markt, 53545 Linz, Tel. 02644 25 26, www.linz.de
Tourist-Information Remagen, Bachstraße 5, 53424 Remagen, Tel. 02642 2 01 87, www.stadt-remagen.de

❹ Andernach

Das heute von Industrie geprägte Andernach (29 500 Einw.) war eine der frühesten römischen Niederlassungen nördlich der Alpen.

SEHENSWERT
Stadtmauerreste und **Tore** (um 1200), romanischer **Mariendom** (bis 1250), **Rathaus** (16. Jh.), alter **Rheinkran** (um 1560) und **Runder Turm** (um 1450) haben Konkurrenz bekommen. Zischen und Gurgeln kündigen die

---

> **Tipp**
>
> ### Herrliche Kräuterküche
>
> Schafgarbe, Wiesenschaumkraut und Felsen-Fetthenne, Hummer, Foie gras und Trüffel: Wer im „Vieux Sinzig" zu Tisch geht, muss sich von den üblichen Unterscheidungen zwischen Feld-, Wald- und Wiesenkräutern und Edelprodukten der Haute Cuisine verabschieden. Die Wildpflanzenküche von Jean-Marie Dumaine machte ihn zum Kräuterpapst von der Ahrmündung.
>
> € € € / € € Vieux Sinzig, Kölner Straße 6, Sinzig, Tel. 02642 4 27 57, www.vieux-sinzig.com

60 m hohe Fontäne des **Geysirs** auf der Rheinhalbinsel Namedyer Werth an, zu der man per Schiff gelangt (Start beim Geysir-Erlebniszentrum; www.geysir-andernach.de; Mitte März bis Okt. tgl. 9.00–17.30, erste Abfahrt 11.15 Uhr).

UMGEBUNG
Die 1901 eröffnete **Brohltalbahn** nennt sich auch Vulkan-Express (www.vulkan-express.de), zuckelt die Schmalspurbahn von Brohl doch durch den Vulkanpark Eifel (www.vulkanpark.com). Über dem **Laacher See,** zu den Eifel-Maaren gehörend und vulkanischen Ursprungs, erhebt sich die Silhouette der romanischen Abteikirche **Maria Laach** (1093–1220; www.maria-laach.de).

INFORMATION
Andernach.net GmbH,
Konrad-Adenauer-Allee 40,
56626 Andernach, Tel. 02632 9 87 94 80,
www.andernach-tourismus.de

 Neuwied

Das schachbrettartig angelegte Zentrum der Industriestadt (65 000 Einw.) wird von Schloss Neuwied dominiert, bis heute Sitz der Grafen und Fürsten zu Wied.

SEHENSWERT
Das **Schloss** (bis 1756 und um 1870) ist nicht zugänglich, lediglich ein Teil des Schlossparks. Der ehem. fürstliche Sommersitz **Monrepos** dient als Museum für menschliche Verhaltensevolution (www.monrepos-rgzm.de; Di.–So., Fei. 10.00–17.00 Uhr). Das prachtvolle ehem. kurfürstlich-trierische Barockschloss **Engers** (um 1760) dient als Hotel-Restaurant und Sitz der Landesstiftung Villa Musica (www.schloss-engers.de; Schlossmuseum mit Saal der Diana So. und Fei. 11.00–17.00 Uhr).

INFORMATION
Tourist-Information, Pavillon Luisenplatz,
Marktstraße 63, 56564 Neuwied,
Tel. 02631 8 02 55 55, www.neuwied.de

Kulturpark *Tipp*

Im Zentrum des **Kulturparks Sayn TOPZIEL** – ein Zusammenschluss von neun Sehenswürdigkeiten in Bendorf-Sayn – steht das neugotisch umgestaltete Schloss Sayn, zu dem u. a. der Garten der Schmetterlinge gehört, in dessen Tropenhäusern Falter aus Afrika, Asien und Südamerika flattern.

Tourist-Information, Abteistraße 1
(Schloss Sayn), 56170 Bendorf-Sayn,
Tel. 02622 90 29 13,
www.bendorf.de und www.sayn.de

UNTERES MITTELRHEINTAL
54 – 55

Genießen   Erleben   Erfahren

Auf Spätburgunder-Spuren

DuMont Aktiv

Der Rotweinwanderweg ab Bad Bodendorf durchs Ahrtal zählt auf der 35 Kilometer langen Strecke 43 Einzellagen. Er lässt sich bequem unterteilen: Mit der Bahn kommt man immer wieder zum Ausgangspunkt zurück.

Die Rebstöcke laufen am „Ahrweiler Silberberg" Sturm gegen den Betonklotz der „Dokumentationsstätte Regierungsbunker". Das durch den Umzug der Staatsspitze von Bonn nach Berlin seiner Funktion beraubte Stollenlabyrinth ist eine der Hauptattraktionen am Rotweinwanderweg. Im Fall eines atomaren Angriffs hätten Kanzler, Minister und 3000 weitere Staatsträger einen Monat im Bunker ausharren können. Ein paar Hundert Tunnelmeter können besichtigt werden. Gegen Aussichtspunkte wie die „Bunte Kuh" bei Walporzheim aber hat es der klamme Bunker schwer. Unter der Felsnase windet sich die Ahr ungehalten in ihrem Bett, von schroffen Schieferwänden und am Hang aufgetürmten Weinparzellen eingezwängt.

1500 Sonnenstunden pro Jahr und wärmespeichernde Hänge bilden ideale Voraussetzungen für Spät- und Frühburgunder, die den internationalen Vergleich nicht zu scheuen brauchen. In Dernau ist der „Hofgarten" ein bei Wanderern beliebtes Weinlokal. In Rech geht es über die Nepomukbrücke auf das rechte Ufer. Der Blick schweift nach Mayschoß, dessen Kirchturm aus einem Talkessel lugt: Mal sehen, was die Winzer im Dorf zu bieten haben.

Weitere Informationen

Ahrtal-Tourismus
Hauptstraße 80, Blankartshof 1,
53474 Bad Neuenahr-Ahrweiler,
Tel. 02 64 1 91 71 0, www.ahrtal.de
www.rotweinwanderweg.de

Einkehren
€ € Hofgarten Dernau. Gutsschenke des Weinguts Meyer-Näkel. Bachstraße 26, 53507 Dernau, Tel. 02 64 3 15 40, www.hofgarten-dernau.de, tgl. 11.00–23.00 Uhr

Schönste Rebhänge, die sich im Herbst bunt tupfen, begleiten die Wanderer des Rotweinwanderwegs, der von Bad Bodendorf bis Altenahr führt.

Zu Besuch beim Welterbe

Südlich von Koblenz schaltet der Rhein auf großes Landschaftskino um. Ungehalten wälzt sich der Strom in seinem Bett, das sich auf Höhe der Loreley um fast zwei Drittel zusammenschnürt. Dramatisch bäumen sich riffartige Felsen auf. Abrupt wechselt das Wasser seine Richtung, durchbricht das Rheinische Schiefergebirge. Burgen lugen von den Höhen. Fachwerkselige Winzerdörfer drängen ans Ufer. Von Rheinkilometer 526 bis 593 trägt das einzigartige Landschaftsbild den so begehrten Titel UNESCO-Welterbe.

Blick vom Deutschen Eck auf die Festung Ehrenbreitstein in Koblenz – unübertroffen malerisch thront sie hoch oben über Rhein und Mosel.

Die Stadtseite des Kurfürstlichen Schlosses in Koblenz: Hier residierte ab 1786 der letzte Erzbischof und Kurfürst von Trier.

Fast ein Wahrzeichen: „Der Daumen" von César vor dem Ludwig Museum in Koblenz

Die Historiensäule auf dem Joseph-Görres-Platz erzählt in Brunnenform die Geschichte und Entwicklung von Koblenz. Der Platz erinnert an den Koblenzer Historiker und Publizisten Joseph Görres.

Die moselseitige Altstadtfront von Koblenz mit dem spätgotischen Alten Kaufhaus und der dahinter aufragenden doppeltürmigen Florinskirche

Koblenz ist die einzige an Rhein und Mosel zugleich gelegene Stadt.

Selbstdarstellung der Stadt Koblenz

Confluentes, bei den Zusammenfließenden, wurde die römische Militärstadt an der Mündung der Mosel in den Rhein getauft. Nachdem die Römer bereits zu Cäsars Zeiten im Gallischen Krieg den Rhein überbaut hatten, entstand nun eine erste hölzerne Brücke über die Mosel. Der Bau legte die Ausrichtung von Koblenz für die nächsten 1800 Jahre fest. Am Moselufer präsentiert sich mit Balduinbrücke, Alter Burg, Bürresheimer Hof, Altem Kauf- und Danzhaus in der ersten Reihe sowie Königspfalz und Florinskirche dahinter die bis ins späte 18. Jahrhundert gültige Schauseite der Stadt.

Erst mit dem Bau des klassizistischen Schlosses ab 1777 verschob sich die Schokoladenseite der Stadt an den Rhein. Mit dem Einzug der Preußen ins Rheinland wurde das Rheinufer weiter aufgewertet. Das neuromanische Gebirge des Regierungsgebäudes entstand, und wichtiger noch: das Deutsche Eck. Für das monumentale Reiterstandbild Wilhelms I. wurde sogar die in den Mündungsbereich von Mosel und Rhein ragende Landzunge vergrößert. Im Zeitalter des aufstrebenden Rheintourismus kamen stromaufwärts das „Grand Hotel Koblenzer Hof" hinzu, das zwischenzeitlich so profanen Zwecken wie der Beherbergung des Bundesamts für Wehrtechnik und Beschaffung diente. 2011 musste der Bau allerdings wegen Einsturzgefahr geräumt werden. Nun wird über eine neuerliche Nutzung als Luxushotel nachgedacht. Dafür spricht schon die Lage.

Koblenz-Besucher zieht es heute definitiv eher ans Rhein- als ans Moselufer. Während Letzteres durch bescheidene Wohnriegel aus der Nachkriegszeit an Attraktivität verloren hat, zeigt sich das Rheinufer mit der jüngst neu gestalteten Uferpromenade und gepflegten Gartenanlagen überaus repräsentabel.

Festung gegen Frankreich

Als Anfang gilt ein römisches Castrum: Mit einem Kastell am Zusammenfluss von Mosel und Rhein begann die Geschichte von Koblenz. Dass auf dem gegenüberliegenden Rheinufer auf dem Hochplateau über Ehrenbreitstein bereits zur Bronzezeit ein Adelssitz bestand, geht dabei meistens unter. Der Ort war genial gewählt: Von hier oben lässt sich der Verkehr auf dem Rhein überwachen, die Mündung der Mosel kontrollieren und auch Koblenz in Schach halten.

Der Blick von Ehrenbreitstein ging traditionell nach Westen. Dort stand über Jahrhunderte der Feind. Gemeint sind die Franzosen. 1632 öffnete der Trierer Erzbischof französischen Truppen die

Blick von Ehrenbreitstein auf das Deutsche Eck mit dem Standbild Kaiser Wilhelms I. und dem ehemaligen Deutschherrenhaus (oben). Das Moselufer gegenüber und die über das Rheintal hinausragende Aussichtsplattform Ehrenbreitsteins (unten rechts) sind Freizeitziele der Koblenzer.

Bundes-
gartenschau

Special

Was bleibt?

Koblenz hat dank der Bundesgartenschau 2011 einen Riesensprung gemacht. Nun geht es weiter. Nachhaltige Stadtentwicklung mit grünem Daumen lautet das Gebot.

Stolze 3 569 269 Besucher kamen 2011 zur Bundesgartenschau. Das Großereignis hat Koblenz' Topografie verändert. Weiterhin erblüht das Umfeld des Kurfürstlichen Schlosses. Wichtiger noch aber ist die Verbindung zwischen Schlossstraße und den Gartenanlagen am Rhein. Bis 2013 sollte die Seilbahn pendeln, die das Deutsche Eck mit Ehrenbreitstein verbindet. Doch es wurde nachverhandelt: die Seilbahn bleibt bis – mindestens! – 2026. Das Festungsplateau selbst erfreut nun als Landschaftspark. Innerstädtisch zeugt der Zentralplatz von der städtebaulichen Erneuerung. Die einst unwirtliche Stadtbrache vereint das Mittelrhein-Museum, die Stadtbibliothek und das Romanticum, eine Dauerschau zur Rheinromantik, zum „Forum Confluentes".

Festung und verhinderte so Schlimmeres. Nicht immer ging es so glimpflich ab. Im Pfälzischen Erbfolgekrieg schossen die Truppen Ludwigs XIV. Koblenz 1688 binnen einer Woche in Schutt und Asche. Nur die Festung Ehrenbreitstein hielt stand. 1794 kamen die Franzosen wieder, doch es sollte fünf Jahre dauern, bis die Festung durch Aushungern eingenommen werden konnte. Nach dem Abzug der Franzosen folgte ab 1815 der Ausbau Ehrenbreitsteins zu einer der größten Festungen Europas. Im Deutsch-Französischen Krieg 1870/71 und im Ersten Weltkrieg wurde die Festung hochgerüstet, ihre Waffen kamen jedoch nicht zum Einsatz. Gut so, denn so blieb das Paradebeispiel einer klassizistischen Festung erhalten.

Mehr Burgen gibt es nirgends

Die Marksburg, natürlich. An der einzigen, seit ihrer Erbauung im 13. Jahrhundert weitgehend unzerstörten Höhenburg kommt kein Reisender vorbei. Schlank sticht der blütenweiße Bergfried in den Himmel. Wuchtig thront die Anlage auf dem Fels. Die Burg über Braubach, Landmarke und Aushängeschild des UNESCO-Welterbes, besticht im Innern durch Fresken, Rittersaal, Kemenate und in den Fels gehauener Reitertreppe. Seit 1900 ist die Marksburg passenderweise Eigentum der Deutschen Burgenvereinigung, der ältesten Denkmalschutzinitiative des Landes.

Nur einen Steinwurf weiter hat es die Philippsburg schon schwerer, die Gunst der Rheinreisenden zu gewinnen. Der Renaissancebau liegt nicht sonderlich spektakulär am Ortsausgang von Braubach, noch dazu versteckt hinter dem Eisenbahndamm. Auch auf der Philippsburg ist die Burgenvereinigung Hausherr und beherbergt hier das Europäische Burgeninstitut, in dem Literatur zum Thema Burg gesammelt und der Öffentlichkeit zugänglich gemacht wird. Dessen Leiter Dr. Reinhard Friedrich würde am liebsten alle Burgen am Mittelrhein im Originalzustand sehen.

Blick auf Burg Stahleck, heute eine Jugendherberge, und die Weinberge oberhalb von Bacharach

Die ursprüngliche spätmittelalterliche Burg Katz wurde im 19. Jahrhundert im Sinne der Burgenromantik wiederaufgebaut und ist heute in Privatbesitz.

Überragt von der Burg Katz, bietet die Ansicht von St. Goarshausen noch einen Hauch des mittelalterlichen Flairs.

Die „weltweit höchste Burgendichte" macht den Rhein zwischen Koblenz und Bingen zum Welterbe.

Preußische Ritterromantik durchweht noch Schloss Stolzenfels: Rüstung im Rittersaal (oben links). Unterhalb der gastlichen Burg Rheinstein (oben rechts) erfreut man sich am Rheinstrand von Trechtingshausen des Badevergnügens (unten links und rechts).

Die Marksburg oberhalb von Braubach ist als Flaggschiff der Rheinburgen zu betrachten.

Und weiß, dass allein für die Restaurierung des Torbaus der Philippsburg über 450 000 Euro fällig wurden.

Mehr als 40 Burgen und Wehranlagen säumen den Mittelrhein zwischen Koblenz und Rheingau. Mehr Mittelalterromantik geht nicht – selbst die Portale der Eisenbahntunnel aus dem 19. Jahrhundert sehen wie Burgtore aus. Um die Bauwerke zu erhalten, ist fast jede Nutzung recht.

Burg Stahleck über Bacharach dürfte die prominenteste Jugendherberge in Deutschland sein. Auf Burg Rheinstein, als erste Burgruine im 19. Jahrhundert als Besitz eines preußischen Prinzen neu aufgebaut, kann man nun deutlich komfortabler als in mittelalterlichen Zeiten übernachten – im Kommandantenturm oder im Prinz-Georg-Appartement beispielsweise – und in der Burggaststätte „Kleiner Weinprinz" eine Kleinigkeit essen, einen atemberaubenden Blick ins Tal gibt es gratis dazu.

Symbol der Rheinromantik schlechthin aber ist Burg Stolzenfels. Kein Geringerer als Karl Friedrich Schinkel hat die Pläne für den Wiederaufbau der Ruine gezeichnet. Der preußische Oberlandesbaumeister schuf um das Jahr 1835 ein mit Zinnen, Filialen, Türmen und historistischem Interieur verbindliches Bild des romantischen Mittelalters. Da kann selbst ein Original wie die Marksburg nicht mithalten.

Brückenpläne mit UNESCO?
Nachdem die Pläne für eine Rheinquerung zwischen Sankt Goar und Sankt Goarshausen zu Zeiten der rot-grünen Regierungskoalition am Widerstand der Grünen scheiterten, änderte der Wahlsieg der SPD im Frühjahr 2016 alles. Der Einfluss der Grünen ist dahin und die Wahlsiegerin Malu Dreyer (SPD) ist eine bekennende Brückenbefürworterin. Die Brücke wird daher wohl gebaut.

Fakt ist, dass es auf den 90 Flusskilometern zwischen Koblenz und Mainz, auf denen es keine Brücke gibt, für den Verkehr buchstäblich eng werden kann. Die Fähren werden mit dem Andrang in Stoßzeiten kaum fertig. Lange Umwege über Land kommen die Wirtschaft teuer zu stehen. Ganze Landstriche drohen wegen der fehlenden Verkehrsanbindung demografisch auszubluten.

Doch es gilt, eine Lösung zu finden, die den Status als UNESCO-Welterbe nicht gefährdet.

Im Mainzer Neuen Zeughaus, dem Sitz des rheinland-pfälzischen Ministerpräsidenten, scheint sich etwas zu tun. Innenminister Roger Lewentz (SPD) hatte sich einst vehement für das Projekt Mittelrheinbrücke ausgespro-

Weinlese im Weinberg unterhalb der Burg Gutenfels bei Kaub (oben links). Weit geht der Blick vom Günderodehaus auf das Rheintal mit Oberwesel (oben rechts). Inmitten der Weinberge liegt Bacharach mit seiner Kirche St. Peter und der Ruine der gotischen Wernerkapelle (unten links). Gleitschirmflieger nutzen die Thermik der Hänge an der Rheinschleife bei Boppard (unten rechts).

chen – und die Debatte neu entfacht. Fortsetzung folgt.

Rheinlegenden

Es war einmal eine Zeit, da reichte es, dass eine junge Frau ihr goldenes Haar kämmte und dazu eine „wundersame, gewaltige Melodei" sang. Schon gerieten die Schiffer in den Bann der „schönsten Jungfrau". So erzählte Clemens von Brentano 1802 von der Loreley, so dichtete Heinrich Heine 1824 in seiner berühmten Ballade, so machte Friedrich Silcher 1834 die Ballade zum vielleicht bekanntesten deutschen Volkslied. Der mystische, knapp 125 Meter hohe Fels südlich von Goarshausen – Ley bezeichnet im Rheinischen einen Fels –, unter dem Zwerge werkeln sollen und der zu-

Der Welterbestatus soll die Aufmerksamkeit auch auf die Gefährdung dieser alten Kulturlandschaft lenken.

dem angeblich den Nibelungenschatz verberge, zählt im Ausland unstritig zu den bekanntesten deutschen Orten. Im Besucherzentrum wird in einer Ausstellung und einem Film unter anderem dieser Legende um die Jungfrau nachgegangen.

Legendär ist auch der Besuch Goethes 1774 im Wirtshaus an der Lahn; schaurig die Geschichte der Hexenprozesse zu Rhens, deren Urteil am Königsstuhl gesprochen wurde, dem Monument, das 1398 für die Wahl des deutschen Königs errichtet wurde. Das Rheintal ist voller toller Geschichten. Noch eine gefällig? Einfach im nächsten Dorf nachfragen!

Weinbau im Höhenflug

Zunächst die schlechte Nachricht: Der Weinbau am Mittelrhein ist rückläufig. Immer mehr Steillagen liegen brach. Die

Fachwerkromantik prägt den Weinort Bacharach – mit Steeger Tor in der Stadtmauer (oben links), der verwinkelten, von der Wernerkapelle überragten Gaststätte „Posthof" (oben rechts) und dem Malerwinkel der Altstadt (unten rechts).

Eine gute Adresse: „Weinhaus Altes Haus" in Bacharach

> Das Rheintal ist voll von tollen Geschichten – einfach im nächsten Dorf nachfragen!

Bewirtschaftung der bis zu 65 Prozent steilen Weinberge ist teuer, zu teuer, wenn man nicht auf Spitzenqualitäten mit entsprechenden Endpreisen setzt. Drei Viertel aller Weinstöcke in den rund 500 Hektar Rebflächen am Mittelrhein sind mit Riesling bepflanzt. Bei dem Winzer Jens Didinger etwa kann man die würzigen, rassigen Tropfen aus dem Bopparder Hamm im gutseigenen Ausschank genießen. Und überhaupt scheinen die Weine aus der Region Boppard gerade eine absolute Hochzeit zu erleben.

Junge Gipfelstürmer

Befeuert werden die Erfolge einer Handvoll renommierter Winzer von einer Gruppe junger Kollegen, die als „Gipfelstürmer vom Mittelrhein" von sich reden machen und brachliegende Rebflächen rekultivieren. Andere ziehen nach: So wird auf der rechten Rheinseite die vergessene Spitzenlage „Kauber Roßstein" mit ihren über 60 Jahre alten Reben wieder bewirtschaftet. Darauf stößt man in einer der zauberhaften Weinwirtschaften nun wirklich gern mit einem Glas an.

Profilweine

Noch leidet der Weinbau am Mittelrhein daran, kein klares Profil zu haben. Ein Vorstoß in Richtung Qualität und damit Profil ist die Mittelrhein Riesling Charta. Dabei haben sich 22 qualitätsbewusste Winzer des Mittelrheins zusammengeschlossen, die u. a. Kulturlandschaftsschutz durch die Sanierung von für den Mittelrhein prägenden Trockenbaumauern betreiben. Wer das grüne Siegel auf die Flasche kleben möchte, muss als Winzer einen strengen Kriterienkatalog befolgen. Dazu zählen das Herkunftsprinzip, das heißt Erzeugerabfüllung im Gebiet hergestellter Weine, die Beschränkung auf die Rebsorte Riesling, der Verzicht auf Konzentrierung, Aromatisierung oder Fraktionierung beim Ausbau, eine Qualitätskontrolle durch die Landwirtschaftskammer Rheinland-Pfalz und durch die Charta-Kommission.

Zentrales Herzstück der Charta sind die Profilweine, die als wiedererkennbare Spitzenprodukte die Vielfalt und die Qualität der einzigartigen Weinkulturlandschaft Mittelrhein verkörpern. „Handstreich", „Felsenspiel" und „Meisterstück" heißen ihre drei Kategorien. Der „Handstreich" ist ein moderner, filigraner und feinfruchtiger Riesling, während es sich beim „Felsenspiel" um einen ausgewogenen, bodenständigen Riesling handelt, der zu jeder Gelegenheit passt. Das „Meisterstück" besticht durch seine Vollendung. Dieser trockene Riesling ist vollmundig.

DUMONT THEMA

RHEIN-KREUZFAHRT

Von britischen Lords zu Best Agern

Die Kreuzfahrt auf dem Rhein ist eine Erfindung aus den Pioniertagen des Tourismus. Ebenso lange ist Englisch eine der Hauptverkehrssprachen an Bord – wenn auch heute mit amerikanischem Akzent.

Im Jahr 1816 unterrichtete die „Kölnische Zeitung" ihre Leser über ein „ziemlich großes Schiff, ohne Mast, Segel, Ruder ... mit ungemeiner Schnelle". Auf dem Rhein gesichtet hatte der Redakteur den englischen Schaufelraddampfer „Defiance": In knapp fünf Tagen absolvierte das Schiff die Strecke Rotterdam – Köln, angetrieben von einer 14 PS-Dampfmaschine. Im Vergleich zu heutigen Kreuzfahrtdampfern mit über 1000 PS ein doch recht gemächliches Fahrvergnügen.

Die Geburtsstunde der Rheinkreuzfahrt

Im Jahr 1817 schipperte mit der „Caledonia" ein zweites britisches Dampfschiff den Rhein bis nach Koblenz hoch, doch die Geburtsstunde der Rheinkreuzfahrt schlug erst zehn Jahre später. Am 1. Mai 1827 eröffnete die Preußisch-Rheinische Schifffahrtsgesellschaft mit dem Dampfschiff „Concordia" die Linie Köln – Mainz. Von Anfang an in großer Zahl dabei waren Briten. Befeuert von den Aquarellen William Turners, der das Rheintal zwischen 1817 und 1844 elfmal mit der Staffel unterm Arm bereist hat, begleitet von John Murrays Red Books, die neben den Routenbeschreibungen auch ganz praktische Tipps zu Übernachtungsmöglichkeiten und Schiffsverbindungen enthielten (Baedekers 1832 erschienene Rheinreise gab es erst 1861 erstmals in Englisch), begaben sich Generationen britischer Adliger und betuchter Bildungsbürger auf die Rheinkreuzfahrt.

Amerikaner und Briten als wichtigste Klientel

Briten sind für viele Reedereien noch immer eine wichtige Klientel. Zahlenmäßig haben jedoch die Amerikaner die Oberhand gewonnen: Weit über die Hälfte aller Passagen in der Region sind von Amerikanern ausgebucht. Eismaschinen auf den Kabinenfluren und Steaks als Alternative zu dem, was sonst auf der Tageskarte steht, sind daher an Bord selbstverständlich.

Treue Kunden: Best Ager

Ansonsten stehen auf Best Ager angepasster Komfort und Angebote ganz vorn. Die finanzstarke Gruppe der Generation „50+" zählt zu den treuesten Kunden. Slow-Walker-Ausflugsprogramme, die hinsichtlich Tempo und Anspruch auch für Passagiere mit eingeschränkter Mobilität machbar sind – längst selbstverständlich.

Eines hat sich in Zeiten von Internetbanking und Kreditkarten ebenfalls nicht verändert. Die Benutzergebühr, die auf dem Rhein bei 1,36 Euro pro Flusskilometer liegt, muss beim ersten Schleusenwärter in Fahrtrichtung entrichtet werden.

Einen Hauch großer Kreuzfahrt bietet auch der Rhein.

Der Wasserstandsanzeiger am rechtsrheinischen Ufer in Koblenz reicht über Jahrhunderte zurück.

Seit 1816 bedient die Rheinschifffahrt die Flussverbindungen und zugleich eine rheinsüchtige Klientel.

Es gibt kaum eine herrlichere Möglichkeit, das Fluss- und Burgenpanorama Revue passieren zu lassen, als vom Schiff aus: Burg Maus über St. Goarshausen und Burg Gutenfels oberhalb von Kaub.

Allerdings sind mittlerweile wohl auch diese Kosten auf den meisten Schiffen im allumfassenden All-inclusive–Paket enthalten.

Dreiländer-Kreuzfahrt in Begleitung einer Prinzessin

Wer mag, kann seine Rhein-Kreuzfahrt auch noch umfangreich erweitern und gleich eine Dreiländer-Kreuzfahrt unternehmen – und zwar in Begleitung einer Prinzessin: Wie um den internationalen Anstrich einer solchen Reise zu unterstreichen, segelt die 110 Meter lange und 11,5 Meter breite, einer Schweizer Reederei gehörende und mit 35 Crewmitgliedern 140 Passagieren Platz bietende „MS Rhein Prinzessin" unter maltesischer Flagge.

In sieben Tagen geht die in Frankfurt zunächst noch am Main ablegende Fahrt über Mannheim, Speyer, Breisach, Basel, Straßburg, Worms und Rüdesheim bis nach Mainz. Zahlreiche Sehenswürdigkeiten liegen auf der Strecke, interessante Stadtbesichtigungen erwecken Lust auf Kultur, und auf die Weinprobe in Straßburgs Altstadt folgt am nächsten Abend der nicht minder verheißungsvolle Programmpunkt „Weinprobe und Musikkabinett".

Wie gut, dass man unterwegs auch immer wieder genügend Zeit hat, auf dem großen Sonnendeck oder im Wellnessbereich zu entspannen.

Informationen

Viking River Cruises:
nur online über www.vikingrivercruises.com oder über die amerikanische Buchungszentrale, Tel. 001-800-70601483 buchbar.

A-ROSA Flussschiff GmbH:
Loggerweg 5,
18055 Rostock,
Tel. 0381 2 02 60 01,
www.a-rosa.de/flusskreuzfahrten

Angeboten werden Rheinkreuzfahrten von Köln bis Amsterdam oder von Köln bis Basel sowie kombinierte Kreuzfahrten auf dem Rhein und seinen reizvollen Nebenflüssen Mosel und Main.

Einen Überblick über Angebote und Schiffe gibt:
www.rhein-flusskreuzfahrten.com,
Tel. 03741 14 82 31

Wem es an Zeit für eine große Kreuzfahrt mangelt – eine Tour auf einem der vielen Ausflugsdampfer auf dem Rhein ist auch nicht zu verachten.

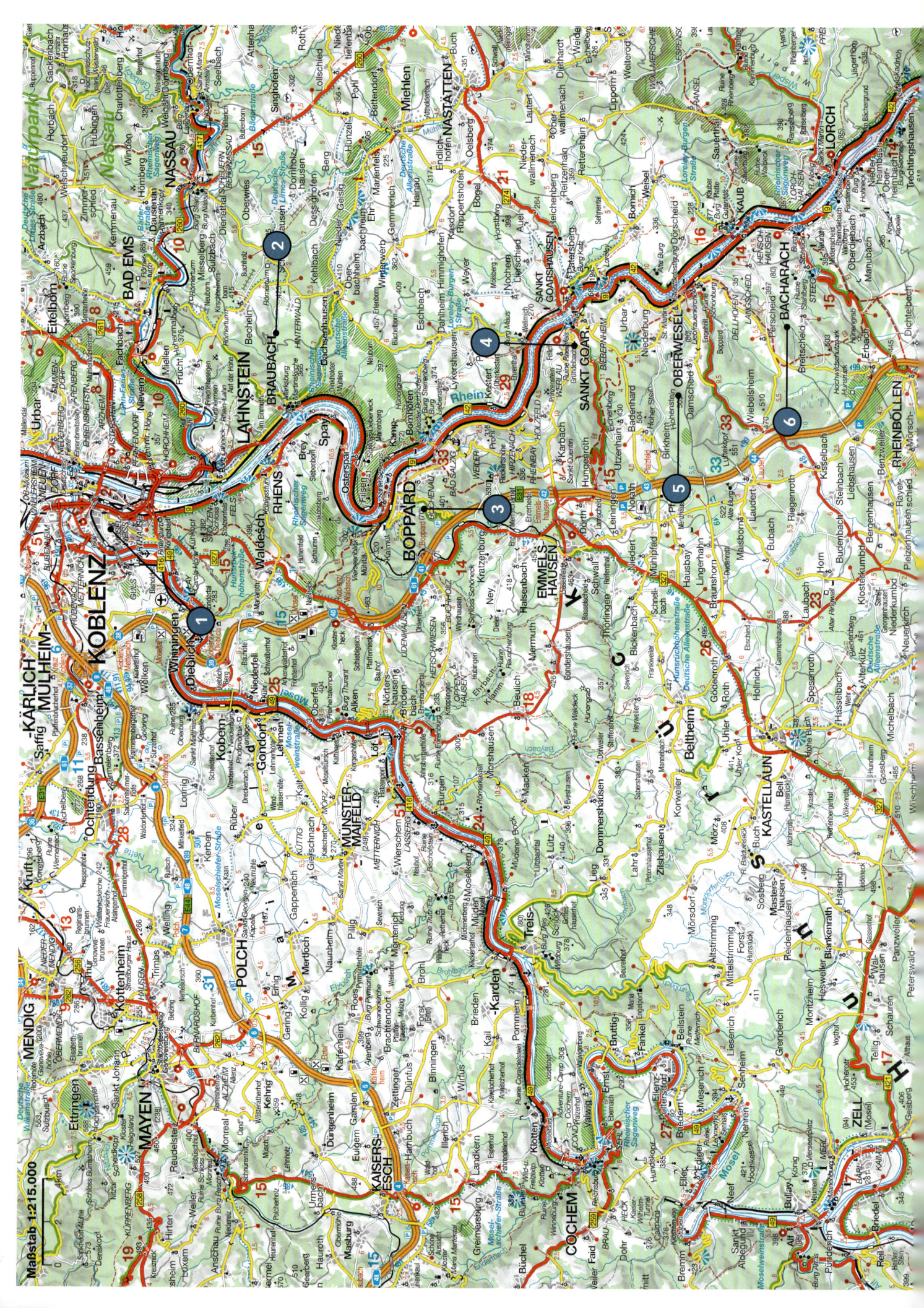

Welterbe in Rhein-Kultur

Keine Brücke stört am Oberen Mittelrhein das sich dramatisch verengende Tal. Beide Ufer verführen dank Dutzender Burgen und zauberhafter Weinorte schnell zum Besichtigungsmarathon. Dieser Zusammenklang veranlasste die UNESCO 2002 dazu, 67 Flusskilometer auf die Welterbeliste zu setzen.

❶ Koblenz

Das „Tor zum Welterbe Oberes Mittelrheintal" fasziniert durch die Lage an der Mündung der Mosel in den Rhein. Als eine der ältesten Städte Deutschlands (113 600 Einw.) wurde Koblenz 9 n. Chr. von den Römern gegründet und war ab dem 11. Jh. im Besitz der Erzbischöfe von Trier – bis zum Einzug französischer Revolutionstruppen 1794. Im Zweiten Weltkrieg erlitt es schwerste Zerstörungen.

SEHENSWERT

Die **Altstadt** wird von den Doppeltürmen der **Florinskirche** (um 1100) und der **Liebfrauenkirche** (um 1180) überragt. Herz der Altstadt ist der **Jesuitenplatz** mit dem **Rathaus** im ehem. barocken Jesuitenkloster (16./17. Jh.). An die Erzbischöfe von Trier erinnert die **Alte Burg** (13. Jh.). Fast auf selber Höhe quert die 700 Jahre alte **Balduinbrücke** die Mosel. Für das neue Koblenz steht der neu gestaltete **Zentralplatz**, den das stromlinienförmige **Forum Confluentes** dominiert. Am Rheinufer beherrscht das klassizistische **Schloss** (18. Jh.) die im 19. Jh. von Kaiserin Augusta unter Mithilfe der Landschaftsgärtner Lenné und Fürst Pückler-Muskau geschaffenen Uferanlagen. 1216 ließ sich der Deutsche Ritterorden am Zusammenfluss von Mosel und Rhein nieder; seitdem nennt sich die Landzunge **Deutsches Eck**. Das **Deutschherrenhaus** (13. Jh.) beherbergt heute das Museum Ludwig. Die Basilika **St. Kastor** (12. Jh.) umgibt einer der 27 Welterbegärten am Oberen Mittelrhein. Wahrzeichen des Deutschen Ecks aber ist das Bronze-Reiterstandbild für Kaiser Wilhelm I. (1897). Das knapp 120 m über dem Rhein gelegene Plateau von **Ehrenbreitstein** TOPZIEL bietet neben der Festung (1817–1827) einem Park mit Aussichtsplattform Platz. In den Festungsbauten werden Sammlungen des Landesmuseums Koblenz gezeigt: zur Fotografie und zur Archäologie sowie Wechselausstellungen (www.tor-zum-welterbe.de; April–Okt. tgl. 10.00 bis 18.00 Uhr, sonst kürzer). Im Fahnenturm kommt die Multimedia-Show „3000 Jahre befestigter Ort" hinzu. Das Haus des Genusses lädt mit seiner Vinothek ins Weinland Rheinland-Pfalz ein.

Das „Wirtshaus an der Lahn" in Lahnstein, ein Haus mit jahrhundertelanger Historie, widmet sich kulinarisch der Region.

MUSEEN

Das Kulturzentrum Forum Confluentes beheimatet das **Mittelrhein-Museum** mit dem Schwerpunkt Malerei der Romantik (www.mittelrhein-museum.de; Di.–So. 10.00–18.00 Uhr), Touristinformation und **Romanticum**, eine interaktive Erlebnisausstellung zum Mittelrheintal (tgl. 10.00–18.00 Uhr). Das **Rhein-Museum** lässt die Rheinschifffahrt Revue passieren (Charlottenstraße 53a, www.rhein-museum.de; Di.–So. 10.00–17.00 Uhr). Das **Ludwig Museum** TOPZIEL zeigt französische Kunst nach 1945 (Danziger Freiheit 1, Deutsches Eck, www.ludwigmuseum.org; Di. bis Sa. 10.30–17.00, So., Fei. 11.00–18.00 Uhr).

RESTAURANT

€ € €/€ € **Gerhards Genussgesellschaft** bietet Terrasse und Bistroküche (Danziger Freiheit 3, www.gerhards-genussgesellschaft.de). Der € € **Trierer Hof** in einem Palais von 1786 hat komfortable Zimmer und eine zentrale Lage (Clemensstraße 1, 56068 Koblenz, Tel. 02 61 1 00 60, www.triererhof.de)

VERANSTALTUNGEN

Rhein in Flammen nennt sich das Feuerwerkspektakel, mit dem der Rhein zwischen Bonn und dem Oberen Mittelrhein nächtlich in Szene gesetzt wird (www.rhein-in-flammen.com; Mai–Sept). Im Abschnitt zwischen Koblenz und Spay begleitet ein Schiffskonvoi mit über 60 Schiffen das Event (Aug.). Zeitgleich findet das **Koblenzer Sommerfest** mit Livemusik statt (www.koblenzer-sommerfest.de).

UMGEBUNG

5 km südl. ist das **Schloss Stolzenfels** in von Lenné gestaltete Gartenanlagen gebettet. 1823 wurde die Burgruine dem preuß. Kronprinzen Friedrich Wilhelm geschenkt. 1838 begann unter Schinkel der Wiederaufbau (www.schloss-stolzenfels.de; April–Sept. Di.–So. 10.00–18.00 Uhr, sonst kürzer, Jan., Feb. Sa., So.).

INFORMATION

Tourist-Information im Forum Confluentes, Zentralplatz 1, 56068 Koblenz, Tel. 0261 1 94 33, www.koblenz-touristik.de

INFOS & EMPFEHLUNGEN

❷ Braubach

Gleich zwei Burgen sprechen für Braubach (3050 Einw.). Hinzu kommen schmucke Fachwerkbauten des 16.–18. Jh.s und Reste der mittelalterlichen Stadtmauer.

SEHENSWERT
Das Fachwerkhaus **Eckfritz** (16. Jh.) beherbergt wie zur Erbauungszeit ein Wirtshaus. Ältestes Gotteshaus ist **St. Martin** (12./13. Jh.), heute als Friedhofskapelle genutzt. Im Tal liegt die umgebaute **Philippsburg** (16. Jh.) mit Renaissancegarten. Hoch über dem Ort steht die **Marksburg,** einzige, nie zerstörte Höhenburg des Mittelrheins (13. Jh.; www.marksburg.de; Mitte März–Okt. tgl. Führungen 10.00–17.00 Uhr, sonst kürzer).

UMGEBUNG
Bei **Lahnstein** (18 000 Einw.; www.lahnstein.de) wacht Burg Lahneck über die Mündung der Lahn; Kapelle und Rittersaal locken in die neugotisch wiederaufgebaute Burg (www.burg-lahneck.de; z. Zt. keine Besichtigung möglich). Das um das Jahr 1500 entstandene Rathaus ist ein Fachwerkjuwel. Besucher zieht es eher ins **Wirtshaus an der Lahn:** Seit dem Jahr 1697 spiegelt sich der Gasthof im Fluss.

INFORMATION
Tourist-Information, Rathausstraße 8, 56338 Braubach, Tel. 02627 97 60 01, www.braubach.welterbe-mittelrhein.de

---

Tipp

Wohnen auf der Burg

1957 baute die Familie Hüttl den Südtrakt der Schönburg zum stilvollen Hotel aus. Ein Himmelbett steht in der „Sieben-Jungfrauen-Kemenate". Das „Prinzesszimmer" bietet ein Alkovenbett und Schießscharten im Bad. Die Burg liegt am RheinBurgenWanderWeg.

€ € € **Burghotel Auf Schönburg**, 55430 Oberwesel, Tel. 06744 9 39 30, www.hotel-schoenburg.de

Schroffe Felsen und steile Weinterrassen bilden die landschaftliche Kulisse für den Pfalzgrafenstein mitten im Strom vor Kaub.

❸ Boppard

Das „Nizza des Rheins" (16 000 Einw.) lockt mit Uferpromenade und Belle-Époque-Hotels.

SEHENSWERT
Vom **Römerkastell** Bodobrica (4. Jh.) blieb ein Stück Mauer mit Türmen als Archäologischer Park frei zugänglich. Der Marktplatz wird von der Kirche **St. Severus** (13. Jh.) überragt; innen verweisen frühchristliche Gräber auf Vorgängerbauten. Die **Kurfürstliche Burg** (1327) beherbergt das städtische Museum (http://museum-boppard.de). Zu sehen sind Thonet-Möbel – Michael Thonet kam 1796 im Ort zur Welt. Die **Karmeliterkirche** (um 1300) hütet Barockaltäre und ein Chorgestühl (1470).

UMGEBUNG
Beim **Vierseenblick TOPZIEL** überschneiden sich Rheinschleife und Schieferhänge so eng, dass man meint, auf vier Seen zu schauen. Den grandiosen Blick kann man vom Mühltal aus erwandern oder den Sessellift hoch zum Gedeonseck nutzen (www.sesselbahn-boppard.de; wegen Wartungsarbeiten z. Zt. außer Betrieb). Das 1200-jährige fachwerkselige **Rhens** (www.rhens.de) mit seinem Rathaus (1514) wird teils von Mauern (14. Jh.) eingefasst. Etwas außerhalb liegt der steinerne **Königsstuhl**, als Wahlstätte für Könige gedacht. Nur die Basis stammt vom Original von 1398.

INFORMATION
Tourist-Information, Altes Rathaus, Marktplatz, 56154 Boppard, Tel. 06742 38 88, www.boppard-tourismus.de

❹ Sankt Goar

Der umtriebige Ort (2800 Einw.) liegt im Schatten von Burg Rheinfels.

SEHENSWERT
Das Grab des Missionars Goar (um 530) befindet sich in der romanisch-gotischen Stiftskirche **St. Goar** (11.–15. Jh.). Von der mittelalterlichen **Stadtbefestigung** blieben Teile erhalten. **Rheinfels** (1245) widerstand allen Belagerungen, verfiel aber im 18. Jh. Die Ruine lockt mit Aussichtsterrasse und Schänke.

VERANSTALTUNGEN
Winzerfeste laden das ganze Jahr über an verschiedenen Orten und auf Weingütern ein (www.mittelrhein-wein.com/veranstaltungen/winzerfeste.pdf). **Rock-, Pop- und Volksmusikkonzerte** auf der Loreley-Freilichtbühne (Juni–Sept., www.loreley-freilichtbuehne.de).

UMGEBUNG
Mit der Fähre ist man im Nu in **St. Goarshausen.** Zwei Türme der Stadtmauer ragen zur Rheinseite auf. Der Schieferfels der **Loreley** ist eine Ikone des Rheintourismus (mit Besucherzentrum; www.loreley-besucherzentrum.de; April–Okt. tgl. 10.00–17.00 Uhr). **Burg Katz** (ab 1371), einst Besitz der Grafen von Katzenelnbogen, ist in japanischem Privatbesitz. **Burg Maus** (1355), die ihren Namen dem Spott der Grafen von Katzenelnbogen verdankt, kann mit Führung besichtigt werden (Tel. 06 77 19 10 11).

INFORMATION
Tourist-Information, Heerstraße 127, 56329 St. Goar, Tel. 06741 3 83, www.st-goar.de

❺ Oberwesel

Ein Ring mittelalterlicher Mauern mit 16 Türmen umgibt das 1000-jährige Städtchen (3000 Einw.), teils sind die Mauern begehbar.

SEHENSWERT
Das Kulturhaus verbindet den Charme eines alten Weinguts mit moderner Architektur; das dortige **Stadtmuseum** spannt den Bogen von den Römern zur Rheinromantik (www.kulturhaus-oberwesel.de; April–Okt. Di.–Fr. 10.00 bis 17.00, Sa., So., Fei. 14.00–17.00, Nov.–März Di. bis Fr. bis 14.00 Uhr). Die **Liebfrauenkirche** (14. Jh.) ragt steil über dem Ort empor; im Innern sind der filigrane Lettner, Wandmalereien, Chorgestühl und der Goldaltar Kunstschätze ersten Ranges. Die **Schönburg** (11.–13. Jh.) südl. der Stadt ist heute Burghotel.

UMGEBUNG
Die Ansicht von **Kaub** (900 Einw.; rd. 6 km südl.) ist weltbekannt: Oberhalb der Mauern und Türme thront die private Burg Gutenfels. In der Neujahrsnacht 1813/14 setzte Generalfeldmarschall Blücher mit seiner Armee über den

Rhein – daran erinnert die Blücherstatue im Uferpark. Den Befreiungskriegen ist das Blüchermuseum gewidmet (Metzgergasse 6; www.blüchermuseum-kaub.de; April–Okt. Di. bis So. 11.00–17.00 Uhr). Fotogen: die per Fähre erreichbare ehem. Zollburg **Pfalzgrafenstein**, die sich im Strom gegen die Fluten stemmt (14. Jh.; April–Okt. Di.–So. 10.00–18.00 Uhr, Nov., Jan., Feb. Sa., So.).

INFORMATION
Tourist-Information, Rathausstraße 3, 55430 Oberwesel, Tel. 06744 71 06 24, www.oberwesel.de

 Bacharach

Fachwerkbauten, verschwiegene Höfe, Burgromantik: Bacharach (2000 Einw.) ist eine der „schönsten Städte der Welt" (Victor Hugo).

SEHENSWERT
Die **Altstadt** löst mit Mauern, Türmen und Altem Haus am Markt romantische Gefühle aus. **Burg Stahleck** (12. Jh.) ist Jugendherberge. Ein schöner historischer Hof ist der **Posthof**.

INFORMATION
Rhein-Nahe-Touristik, Oberstraße 10, 55422 Bacharach, Tel. 0674 91 93 03, www.rhein-nahe-touristik.de

Tipp

Herrlicher Rheinblick

Im Film „Heimat 3" bauen Clarissa und Herrmann sich ein Fachwerkhäuschen mit Blick auf den Rhein aus. Nicht irgendeines freilich: Schon die Dichterin Karoline von Günderode (1780–1806) lebte hier. Heute wissen Wanderer und Ausflügler die zauberhafte Lage zu schätzen. Das Günderodehaus, Drehort des dritten „Heimat"-Teils von Edgar Reitz, ist Ausflugslokal und Museum.

€ **Günderodehaus** am Siebenjungfrauenblick, Rheingoldstraße, www.guenderodefilmhaus.de

Genießen   Erleben   Erfahren

Paddeltour auf der Mosel

DuMont Aktiv

Seit ein paar Jahren kann man die Mosel von Schweich bis zur Mündung in Koblenz mit dem Paddelboot erkunden. Eine der schönsten Touren führt in drei Tagen an der Terrassenmosel entlang, von Pünderich nach Treis-Karden.

Mit dem Paddel sticht der Chef von Mosel Kanutours, Udo Marx, in die Luft: „Ihr müsst zwei Handbewegungen beherrschen." Handbewegung Nummer 1 bedeutet paddeln. Der Kanuprofi macht dann einen Zug vor der Brust (Handbewegung Nummer 2: schwimmen), um die Schwimmwesten zu verteilen. Los geht's. Der Bootssteg am Winzerdorf Pünderich ist eine von 25 Anlegestellen, die für das Projekt Wasserwanderroute Mosel gebaut wurden. Zwischen Schweich an der Obermosel und der Mündung des Flusses bei Koblenz können Paddler alle 20 bis 30 km an einem der Stege anlegen, die nicht mehr als 20 cm über die Wasseroberfläche ragen.

Mit der Dreitagestour von Pünderich bis Ernst sind Anfänger bestens beraten. Über lange Strecken kann man hier einfach nur dahingleiten. Bei Bremm wird das Moseltal zum Amphitheater. 400 m hoch baut sich das Felshalbrund des Bremmer Calmonts über dem Ufer auf.

Weitere Informationen

Kanuverleih: Mosel Kanutours, Moselstraße 45, 56814 Ernst (Stationen in Pünderich und Ediger-Eller), Tel. 02 67 1 55 51, www.mosel-kanutours.de; auch mehrtägige Touren, April–Okt.

Kanutouren: Mosellandtouristik, Kordelweg 1, 54470 Bernkastel-Kues, Tel. 06 53 1 97 33 0, www.mosellandtouristik.de

Je nach aktuellem Wasserstand und individueller Kondition braucht man für die gesamte, 178,2 km lange Route über die Mosel sieben bis zehn Tage (hier: das Valwiger Moselufer).

Südbalkon für Riesling

Von Wiesbaden bis Assmannshausen fließt der Rhein statt wie üblich von Süden nach Norden von Osten nach Westen. Für die Weinberge auf dem sanft ansteigenden rechten Ufer bedeutet die Laune des Stroms viel Sonne. Die Hänge in perfekter Südlage ergeben in Kombination mit Sand- und Schieferböden das ideale Terroir für erstklassige Rieslinge – die wiederum seit jeher die Basis für soliden Wohlstand bieten, der im Rheingau allerorten augenfällig ist.

Gesellig – und natürlich weinselig – geht es zu bei der Steinberger Tafelrunde des Rheingau Musik Festivals in der Domäne Steinberg des Klosters Eberbach.

Weinbau ist das Thema im Rheingau: Ob mit Weinen des Weinguts Abthof in Hahnheim (oben links) oder bei der Weinführung durch den Cabinetkeller der Domäne Steinberg des Klosters Eberbach (unten links), ob bei der Riesling-Weinlese bei Rüdesheim (unten rechts). Fachwerk prägt in der Region Orte wie Lorch (oben rechts).

Auch das Weingut Schloss Vollrads bei Oestrich-Winkel hat einmal wehrhaft angefangen, wie der massige Wohnturm deutlich macht.

> „Wo an der Straße sogleich der wohlumzäunete Weinberg / Aufstieg steileren Pfads, die Fläche zur Sonne gekehret / Auch den schritt sie hinauf und freute der Fülle der Trauben / Sich im Steigen …"
>
> J. W. von Goethe

Die Landschaft macht's. Sanft, aber für Aktivurlauber noch immer anspruchsvoll und abwechslungsreich genug, schwappen die Hügel bis an den Horizont davon. Die Steigungen sind für Wanderer und Radfahrer fast jeder Kondition machbar. Das Angebot an Routen ist enorm. Fernwanderer können den 120 Kilometer langen Rheingauer Riesling-Pfad erkunden. Tagesausflügler finden von Hochheim bis Lorch passende Wanderungen, etwa den Brahmsweg in Rüdesheim und den Flötenweg in Oestrich-Winkel. Hotels werben mit dem Gütelabel „Wanderbares Deutschland" oder „Rheinsteig Partnerbetrieb": Wanderer sind hier herzlich willkommen. Manche Betriebe transportieren den Rucksack, andere bereiten ein Picknickpaket vor. Für Radfahrer ist das Angebot ähnlich paradiesisch. Das „Bett & Bike"-Logo des Allgemeinen Deutschen Fahrrad-Clubs verweist auf Übernachtungsbetriebe, die eine Radgarage haben und in denen man eventuell nasse Kleidung trocknen kann.

Die Rheingauer Riesling-Routen gibt es auch als 62 Kilometer langen Radweg. Schleifen durch die Weinberge trainieren die Waden. Wer es bequemer möchte, folgt dem Rheinuferweg, der zugleich Europäischer Fernradweg ist. Segway-Touren, Nordic Walking – der 35 Kilometer umfassende Rheingau Nordic Walking Riesling Park um Rüdesheim und Assmannshausen ist vom Deutschen Skiverband zertifiziert –, und Mountainbiken sind weitere Aktivitäten, mit denen der Rheingau Aktivurlauber anspricht. Falls die Puste ausgeht, bleibt immer noch das Schiff, mit dem es samt Rad und Rucksack an den Ausgangspunkt zurückgeht.

Weltweit beste Rieslinge

Queen Victoria bereiste den Rheingau 1845. Die Welt war danach um ein Bonmot reicher. „Good Hoc keeps away the doc", soll die britische Königin ihren Lieblingsriesling aus Hochheim gelobt haben. Heute trägt ein Weinberg über dem Dorf ihren Namen: Ein neugotisches Denkmal im Königin-Victoria-Berg erinnert an die Gunst der Queen. Der Zar von Russland dagegen trank lieber Riesling aus der Lage Marcobrunn westlich von Erbach. Schon vorher waren Goethe und der künftige US-amerikanische Präsident Thomas Jefferson süffelnd im Rheingau unterwegs gewesen.

Als beste Botschafter der Region bewähren sich die erlesenen Rieslinge bis heute. Zu fast 80 Prozent bedeckt die Rebe die Weingärten. Nirgendwo in Deutschland sitzt der „König der Weiß-

Es begann 1880 mit einer ersten Gastwirtschaft für Reisende: Heute ist die Drosselgasse
in Rüdesheim ein absoluter Anziehungspunkt für die Rheinreisenden.

Zu Beginn des 19. Jahrhunderts erhielt die Rüdesheimer Brömserburg ihr heutiges Aussehen. Sie beherbergt nunmehr ein Weinmuseum.

Rüdesheimer Altstadtgemütlichkeit macht auch vor Privattüren nicht halt.

Weinentwicklung

Special

Innovation für's Weinglas

Auf Schloss Johannisberg wurde 1775 zufällig die Spätlese „erfunden"

Innovationsgeist und Forscherdrang sind im Rheingau Winzertugenden. War die Spätlese 1775 eine zufällige „Erfindung", wird heute gezielt geforscht, und zwar in der dafür zuständigen Lehr- und Forschungsanstalt in Geisenheim. Das gilt auch für die Kellertechnik. Am „Steinberg", der bekanntesten Lage von Kloster Eberbach, haben Zisterziensermönche vermutlich bereits vor 900 Jahren erste Reben gepflanzt. In ihrem 2008 fertiggestellten Keller haben die Rieslinge von Deutschlands größtem Weingut erneut einen Qualitätssprung gemacht. Aber es geht auch eine Nummer kleiner. Unter den Augen der großen Häuser hat sich Anthony Robert Hammond mit der „Garage Winery" etabliert.

weinreben" sicherer auf dem Thron. Nirgendwo am Rhein sind die Weingüter so traditionsreich und aristokratisch. Lieblich ist im Rheingau nur die Landschaft. Die Weine hingegen sind kraftvoll und bevorzugt trocken.

Um 1900 lagen die Preise für die Spitzenweine einiger Güter weltweit auf dem Niveau teurer Grands Crus aus dem Bordeaux. Vorbei. Doch noch heute werden für Trockenbeerenauslesen und Eisweine aus dem gut 3000 Hektar großen Anbaugebiet Preise erzielt, die international zu den höchsten für Weißweine zählen.

Reiseziel für Genießer

Als ob man es nicht immer gewusst hätte: Qualität zieht Qualität nach sich. Parallel zu den exzellenten Weinen hat die Küche im Rheingau ein Niveau, von dem man in anderen Weinbauregionen nur träumen darf. Befeuert wird der gastronomische Eifer von Veranstaltungen wie den zehntägigen „Rheingauer Schlemmerwochen", bei denen im Frühling Gutshöfe, Keller, Straußwirtschaften und Restaurants zu Weinproben und feiner Kost einladen. Es darf hochkarätiger sein? Bitte sehr: Kein vergleichbares Gourmetfestival in Europa kann mit so vielen internationalen Spitzenköchen und hochrenommierten Winzern aus

Schwester Christophora und eine ihrer Keramikskulpturen am Kloster St. Hildegard (oben links), 1904 in Eibingen bei Rüdesheim neu gegründet (oben rechts). Den Rhein begleitet ein sogenannter Leinweg für die Zugtiere, um die Schiffe flussauf zu treideln – nicht nur bei Oestrich-Winkel heute von Radfahrern und Joggern geschätzt (unten links). Das Café und die Patisserie „Pretzel" am Geisenheimer Dom ist längst kein Geheimtipp mehr (unten rechts).

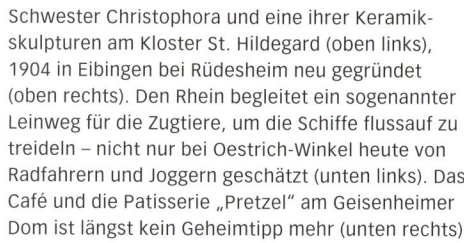

der ganzen Welt aufwarten wie das Rheingau Gourmet- & Wein Festival. Legendär sind die Auftaktpartys auf prominenten Weingütern oder in Klöstern, bei denen Spitzenköche aus dem Rhein-Main-Gebiet Kostproben ihres Könnens gaben. Als Höhepunkt gilt das Galadinner internationaler und deutscher Spitzenköche wie Sven Elverfeld, Klaus Erfort, Christian Bau, Tobias Schmitt und Philipp Stein, deren Menüs von großen, raren Weinen begleitet werden.

Genießerfreuden
Wenn die Lese eingebracht ist, klingt der gastronomische Festivalreigen mit den „Glorreichen Tagen" im November aus. Zum Programm, das die VDP Winzer des Rheingaus Hand in Hand mit Spit-

> Wo, wie im Rheingau, „Straußwirtschaften" seit 1200 Jahren gute Tradition sind, brauchen Genussmenschen wirklich nicht zu darben.

zenköchen der Region ausrichten, gehören etwa eine Riesling-Gala im Kloster Eberbach oder ein Abendessen mit hauseigenen Spitzenweinen beim Kiedricher Starwinzer Robert Weil.

Doch auch abseits des kulinarischen Festivalgeschehens hat der Rheingau Genießern reichlich zu bieten. Michelin-Sterne leuchten sowohl in Geisenheim über dem „Gourmet Restaurant" auf Burg Schwarzenstein als auch über dem „Jean" des Hotels Frankenbach (Mainzer Hof & Gutenberg Hof) in Eltville. Weinstuben wie der Gutsausschank Baiken in Eltville, Dorfgasthöfe wie „Die Wirtschaft" in Oestrich-Winkel und Cafés wie das Café am Dom in Geisenheim verwöhnen rund ums Jahr. Glücklicher Rheingau.

Seit 700 Jahren überragen die weiße Kurfürstliche Burg und die derweil rote Burg Crass den Rhein- und Weinort Eltville (oben), wo die Gäste im lauschigen Platanengarten (unten links) sitzen. Der Alte Kran bei Oestrich-Winkel am Rheinufer erinnert an die lange Geschichte des Weinbaus.

Die Uferpromenade von Eltville vor dem Eltzer Hof, seit 1629 Sitz der Grafen zu Eltz.

Die „Wein-, Sekt- und Rosenstadt" Eltville am Rhein gilt als die älteste im Rheingau.

Ikonen des Rheintourismus

Für Eva Demski ist die Rüdesheimer Drosselgasse ein „Kurort gegen misanthropische Anwandlungen". Jeder, so fährt die Schriftstellerin in ihrem Büchlein „Rheingau" fort, dürfe hier so falsch singen, wie er will. Womit sie goldrichtig liegt. Wer die freundliche Sicht auf die knapp 145 Meter lange Gasse mit gefühlten knapp 145 Meter Theke nicht teilen kann und angesichts von Ramschläden und Billigesöffschwemmen die berühmteste Saufmeile am Rhein flieht, liegt freilich ebenfalls richtig. So oder so, ohne die Drosselgasse hat man den Rheingau nicht gesehen.

Die Liste der Ikonen des Rheintourismus im Rheingau ist lang. Auf nur wenigen Kilometern reihen sich die malerischste Uferfront am ganzen Rhein – in Eltville –, der am besten erhaltene gotische Pfarrbezirk – in Kiedrich –, eines der am besten erhaltenen mittelalterlichen Klöster Deutschlands – Eberbach –, das prachtvollste Renaissancepalais zwischen Mainz und Köln – Hilchenhaus in Lorch. Dazu kommen der Rheingauer Dom in Geisenheim, das monumentale Niederwalddenkmal, romantische Fachwerkwinkel und barocke Herrenhäuser dorfauf, dorfab.

Auch das Seelenheil kommt nicht zu kurz. Die Abtei St. Hildegard in Eibingen geht auf eine Gründung der am 10. Mai 2012 heiliggesprochenen Hildegard von Bingen zurück. Die „Prophetissa teutonica" des 12. Jahrhunderts muss sich der Rheingau allerdings mit dem gegenüberliegenden Rheinufer teilen. Dort verlebte Hildegard von Bingen ihre letzten 30 Lebensjahre.

Erstklassiges aus dem Kloster

Sean Connery was here. Der Ex-James-Bond spielte in Kloster Eberbach den Mönch William, der – dem Verbrechen auf der Spur war, natürlich. „Der Name der Rose" hieß der Film, 1985/86 im Kloster gedreht nach dem Bestseller von Umberto Eco. Die mit romanischer Basilika, Laienrefektorium, Dormitorium und Hospitalkeller weitgehend im Originalzustand erhaltene Zisterzienserabtei lieferte einen kongenialen Drehort zu Ecos Mittelalterkrimi. Und der Streifen machte Kloster Eberbach weltbekannt. 2017 nahm das Kloster mit dem Kultklassiker bereits zum vierzehnten Mal am KinoSommer Hessen teil. Kein Platz blieb leer. Der Kino-Mythos lebt.

Der des klösterlichen Weinguts ebenso. Hinter der drei Kilometer langen Bruchsteinmauer um den „Steinberg" verbirgt sich die bekannteste Lage. Seit 1946 beherbergt das Kloster die Hessischen Staatsweingüter. Allein die Lage

Das Mönchsdormitorium von Kloster Eberbach dient heute den Musikern des vor dem Kreuzgang dargebotenen Rheingau Musik Festivals zum Einspielen.

Bruchsteinmauer um den Klösterlich Eberbachschen Weinberg Domäne Steinberg

Anlässlich der Steinberger Tafelrunde des Rheingau Musik Festivals durchzieht eine schier endlose Tischreihe die Lage Steinberg.

Steinberg umfasst 32 Hektar und ist eine der wenigen Lagen in Alleinbesitz. 1867 wurde der Steinberg bei der weltweit ältesten Weinbergsklassifizierung als Klasse I eingestuft.

Fest der Sinne
Erstklassig sind auch die Konzerte, die anlässlich des Rheingau Musik Festivals allsommerlich im Kreuzgang von Kloster Eberbach erklingen. Auch Schloss Johannisberg, Schloss Vollrads oder der Rheingauer Dom in Geisenheim sind mit von der über 170 Konzerte umfassenden Musikpartie – mit 120 000 Besuchern eines der führenden Musikfestivals in Europa. Ein wenig Schaulaufen gehört dazu, wenn etwa Politgranden aus Wiesbaden und Hessen sich zu den Highlights einfinden. Von Bayreuther Verhältnissen inklusive Hofberichterstattung der Yellow Press aber ist man im Rheingau weit entfernt. Was ebenfalls für das wenig orthodoxe Programm gilt. Der Schwerpunkt liegt zwar in der klassischen Musik, die Veranstaltungen reichen aber auch bis zu Jazz, Weltmusik und Kabarett. Was zählt, ist Qualität. Das Festival versteht sich zudem als Fest der Sinne. Konzerte mit Brunch oder Musik vor der im Weinberg aufgestellten Tafel lösen das Versprechen ein. Als ob man im Rheingau etwas anderes erwartet hätte.

DUMONT THEMA

LÄRMBELÄSTIGUNG

Im Würgegriff des (Bahn-)Verkehrs

Fast jeder zweite Bewohner zwischen Koblenz und Mainz leidet unter Bahnlärm. Der Güterverkehr ist zur Geißel geworden. Allein auf der rechtsrheinischen Seite rattern und tosen jede Nacht 120 Güterzüge mit Spitzenlautstärken von bis zu 110 Dezibel durchs Mittelrheintal.

Warten, bis der Zug vorbeigerauscht ist – ein alltägliches Bild am Bahnübergang in Rüdesheim

Eine Umfrage der Fachhochschule Trier förderte vor einigen Jahren Erschreckendes zutage. Jeder fünfte im Mittelrheintal Befragte klagte über durch Bahnlärm verursachte massive Schlafstörungen. Am stärksten betroffen sind die Gemeinden St. Goarshausen, Stolzenfels, Kaub und Rüdesheim, mit den daraus resultierenden Folgen von fallenden Grundstückspreisen bis zu Rissen an den Häusern. Der Lärm bremst darüber hinaus die touristische Entwicklung – wer will schon den Lärm von täglich bis zu 600 Zügen ertragen?

Und auch die Geduld der Anrainer geht zu Ende. Sie sprechen bereits von „Rheintal 21". Ein Zehn-Punkte-Programm der beiden betroffenen Bundesländer soll endlich Abhilfe schaffen, vorrangig durch Maßnahmen an der Quelle. Gemeint ist das veraltete Zugmaterial. Dazu müssen alte Waggons ausrangiert und leisere Bremssysteme in die Güterwagen eingebaut werden. Die Bahn verspricht Besserung. Im Herbst 2012 rollte der erste auf „Flüsterbremsen" umgestellte Zug zu Testzwecken durchs Tal. Bei den neuartigen „Flüsterbremsen" aus Verbundkunststoff halbiert sich der zu ertragende Lärmpegel. Als endgültiges Ziel im 2013 zwischen Union und SPD geschlossenen Koalitionsvertrag ist der komplette Umstieg auf die leisen Verbundstoffbremsen bis 2020 genannt. Als Vorbild dient hierbei die Schweiz – hier fährt bereits die Mehrzahl aller Wagen „flüsternd".

Und wieder: Das liebe Geld

Die Zeit drängt. Durch die Eröffnung des neuen Schweizer Gotthardbasistunnels im Juni 2016 wird das Güterzugaufkommen im Rheintal laut Prognosen um 75 Züge am Tag zunehmen. Auch an Gleisen und Brücken ist technisch noch einiges bei der Lärmvermeidung drin. Das alles aber kostet. Im Zuge dessen wurde bereits 2012 auf Drängen der Bürgerinitiative im Mittelrheintal gegen Umweltschäden durch die Bahn e.V. unter der Leitung von Willi Pusch der Beirat „Leiseres Mittelrheintal" vom damaligen Bundesverkehrsminister Peter Ramsauer und Bahnchef Rüdiger Grube ins Leben gerufen. Die zuarbeitende Fachgruppe, zu der neben dem Bund, der DB AG und der Initiative auch Bundestagsabgeordnete sowie Minister der Länder Hessen und Rheinland-Pfalz sowie Vertreter des UNESCO-Welterbegebiets Oberes Mittelrheintal zählen, erarbeitete zunächst eine Machbarkeitsstudie. Wirkliche Abhilfe vom Bahnlärm brächte nur die Verlagerung des Güterverkehrs auf eine Entlastungsstrecke. Bislang hatte das Berliner Verkehrsministerium für den Vorschlag, eine neue Bahnstrecke östlich oder westlich des Rheintals zu bauen, nur taube Ohren.

Ausweichstrecken

Der zwischen Mainz und Koblenz mit Spannung erwartete Bundesverkehrswegeplan, 2015 veröffentlicht, beinhaltet nun die Möglichkeit einer Ausweichstrecke für die überlastete Rheinschiene. Im Gespräch sind derzeit verschiedene Trassen; unter anderem wird der Bau eines mehr als 100 Kilometer langen Eisenbahntunnels durch Taunus und Westerwald ernsthaft diskutiert, der den linksrheinischen Güterverkehr entlasten soll. Zusätzlich werden Lärmschutzwälle gebaut oder verstärkt. Die Deutsche Bahn will den Lärm bis Ende 2020 im Vergleich zum Jahr 2000 halbieren. Strecken werden dazu mit Schienenstegdämpfern ausgestattet und Schallschutzwände errichtet.

Mithilfe all dieser Maßnahmen (und einem Kostenaufwand von mehr als 100 Mio. Euro) soll das Mittelrheintal ab 2021 nun also komplett lärmsaniert sein – und die Lärmbelastung dauerhaft um 20 Dezibel gesenkt werden.

Ein Erzzug mitten in der Altstadt von Bacharach

Fakten & Informationen

Bürgerinitiative im Mittelrheintal gegen Umweltschäden durch die Bahn e.V., Rheinuferstraße 44, 56341 Kamp-Bornhofen, www.bahnlaerm-mittelrhein.de

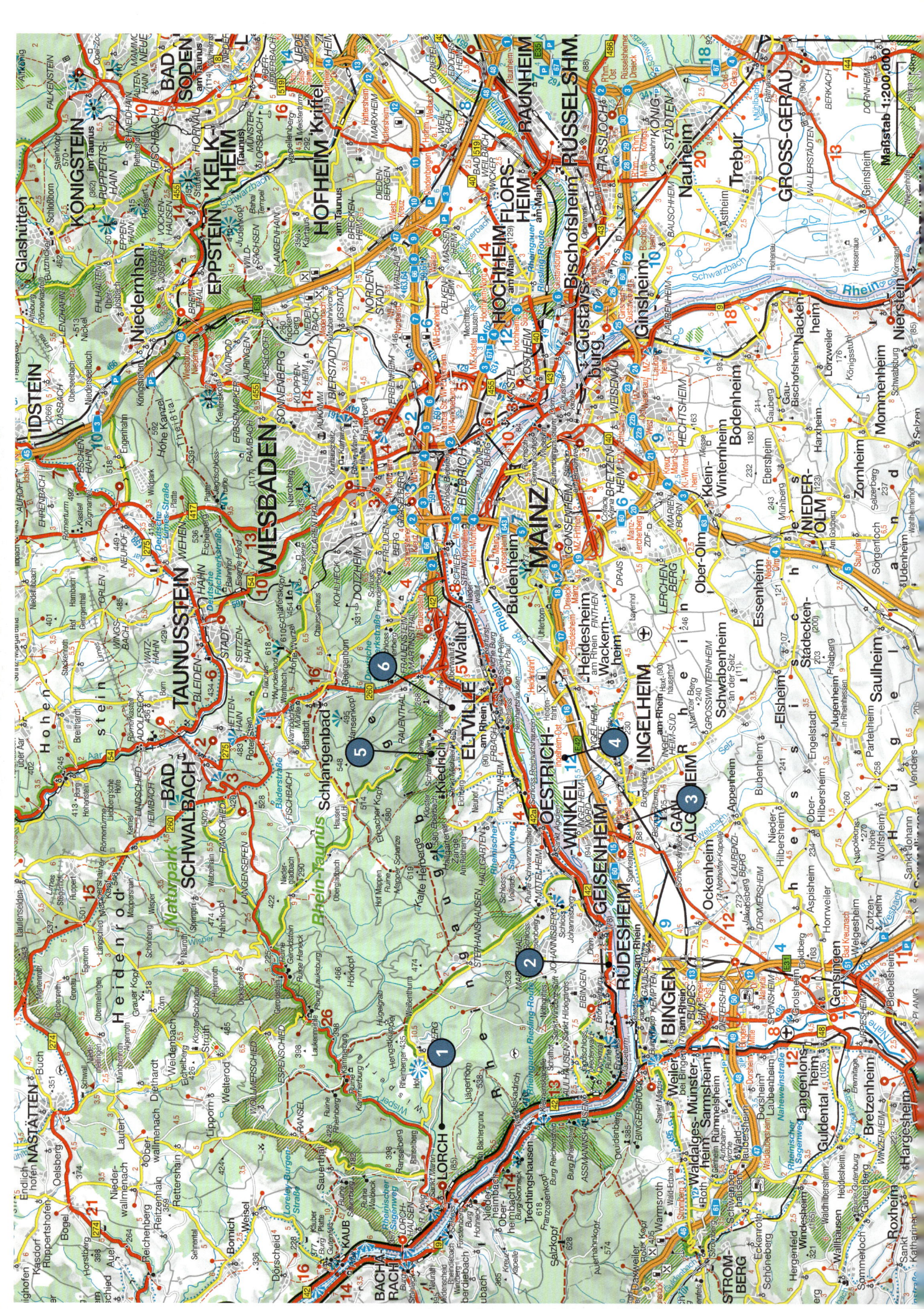

Klein, aber fein

Ganze 35 km lang und zwischen wenigen Hundert Metern und 3 km breit – als Weinbauregion aber zählt der Rheingau zu den ganz Großen. Als Kulturlandschaft wartet die Region mit Klöstern, Schlössern und historischen Ortsbildern auf. Den Taunus im Rücken und den Rhein zu Füßen haben Wanderer und Radfahrer.

❶ Lorch

Reich wurde Lorch (3800 Einw.) im Mittelalter durch seine Lage vor den Stromschnellen des Binger Lochs: Im Ort mussten die Waren auf kleinere Schiffe umgeladen werden oder sie wurden an Land über den Kaufmannsweg nach Rüdesheim und Geisenheim transportiert.

SEHENSWERT
Von der **Stadtbefestigung** (13. Jh.) blieb u. a. die Ruine von **Burg Nollig** (ca. 30 Min. Fußweg) erhalten. Die Pfarrkirche **St. Martin** (14. Jh.) hütet u. a. einen spätgotischen Hochaltar. Aus den Adelshöfen sticht das gewaltige **Hilchenhaus** (Mitte 16. Jh.) hervor, dessen Renaissancepracht umfassend saniert und zudem in das Investitionsprogramm für nationale Welterbestätten der UNESCO aufgenommen wurde. Das **Robert-Struppmann-Museum** zeigt als Kunst- und Heimatmuseum u. a. sakrale Skulpturen von ca. 1400 (Am Markt, Rathaus; April–Okt. Mo.–Fr. 9.00–12.00 u. 14.00 bis 16.00, Sa., So. 14.00–17.00 Uhr).

VERANSTALTUNG
Beim **Hilchenfest** (Mitte Juli) bauen lokale Winzer ihre Stände auf.

INFORMATION
Tourist-Information, Rheinstr. 48, 65391 Lorch, Tel. 06726 8 39 92 49, www.stadt-lorch-rheingau.de

❷ Rüdesheim

Der schmucke Weinort (9500 Einw.) hat mit Drosselgasse, Weinbau seit etwa 1000 Jahren, Niederwalddenkmal und der heiligen Hildegard einige touristische Standbeine. Die Flotte der Kreuzfahrtschiffe, die hier anlegt, tut ein Übriges. Kurzum, hier brummt's – nicht nur beim hier und im benachbarten Assmannshausen obligatorischen feucht-fröhlichen Weinfest.

SEHENSWERT
Markanter Rest der alten Stadtbefestigung ist der knapp 21 m hohe **Adlerturm** (15. Jh.). Aus den Adelshöfen in der Oberstraße ragt der Brömserhof mit rapunzelwürdigem Fachwerkturm; er beherbergt **Siegfried's mechanisches Musikkabinett** mit einer Instru-

mentautomaten-Sammlung (www.smmk.de; März–Dez. tgl. 10.00–16.00 Uhr). Die Fachwerkpracht des Klunkhardshofs (16. Jh.) lehnt sich an die Wehrmauer. Die trutzige **Brömserburg** erhielt ihr romantisierendes Aussehen um 1815; als **Rheingauer Weinmuseum** fand der Bau eine würdige Neunutzung (www.rheingauer-weinmuseum.de; Mitte März–Okt. tgl. 10.00–18.00 Uhr). Im **Asbach-Besucherzentrum** dreht sich alles um den seit 1892 hergestellten Weinbrand, der auch in den Rüdesheimer Kaffee gehört (Ingelheimer Straße 4, www.asbach.de; März–Mitte Dez. Di.–Sa. 9.00–17.00 Uhr).

HOTEL UND RESTAURANT
Das € € **Trapp** ist ein liebevoll geführtes Familienhotel. Die Zimmer sind gepflegt, die Lage ist zentral. Behaglich präsentiert sich das Restaurant „Christel´s Entenstube" (Kirchstr. 7, 65385 Rüdesheim, www.hotel-trapp.de).

UMGEBUNG
In **Eibingen** (nördl.) ist am 17. Sept. der in der Wallfahrtskirche St. Hildegard verwahrte Hildegardisschrein Ziel einer Reliquienprozession. Zur nahen, 1904 gegründeten neuromanischen

Der Blick geht weit übers Tal – vom Rossel (oben) und auch vom Tempel beim Denkmal (rechts). Weinreben prägen hier die Landschaft.

Abtei St. Hildegard (www.abtei-st-hildegard.de) gehört ein Klosterweingut; die Riesling Spätlese „Domus Domini" von hier zählt zu den besten Tropfen des Rheingaus.
Mit der Seilbahn oder auf einem Wanderweg ist das **Niederwalddenkmal** (1877–1883) zu erreichen. Auf dem steinernen Sockel steht eine 640 Zentner schwere Bronze-Germania – sie sollte das nach dem Sieg über Frankreich 1871 gegründete Deutsche Kaiserreich feiern. Vom Niederwaldtempel (1788; 2006) ist der Blick über das Tal umwerfend. Die **Rossel** (1774) ist ein künstlicher Ruinenturm mit Blick auf die Ruine von Burg Ehrenfels, Nahemündung und Binger Mäuseturm.
Beim Wort **Assmannshausen** (1000 Einw.) denkt man an Rotwein. Der „Höllenberg" gilt als Filetstück innerhalb der 75 ha Weinberge, die mit Spätburgunderreben bepflanzt sind; für viele wächst hier der beste Spätburgunder des ganzen Rheintals. Die gotische **Heilig-Kreuz-Kirche** wurde im 19. Jh. neugotisch ausgestattet; aus dem späten 15. Jh. stammt eine Altartafel aus der Schule von Matthias Grünewald mit der Darstellung des Marientodes.

INFOS & EMPFEHLUNGEN

INFORMATION
Tourist-Information, Rheinstr. 29 a,
65385 Rüdesheim, Tel. 06722 90 61 50,
www.ruedesheim.de

❸ Geisenheim

In der Weinwelt ist Geisenheim (11 500 Einw.) durch die 1872 eröffnete Forschungsanstalt für Wein-, Obst- und Gartenbau ein Begriff. Der Ort liegt in einem Speckgürtel aus Industrieunternehmen – umso einladender ist die Altstadt.

SEHENSWERT
Weithin sichtbares Wahrzeichen ist der **Rheingauer Dom** (1836–1839), dessen neugotische Zwillingstürme Geisenheim überragen. Um 700 Jahre alt ist die Geisenheimer Linde gegenüber dem 1855 erbauten **Rathaus**. Am östlichen Rand der Altstadt liegt **Schloss Schönborn** (um 1150) mit Ecktürmchen und eckigem, außen angesetztem Treppenturm.

HOTEL UND RESTAURANTS
Zimmer mit Himmelbett oder Designnote sind auf € € € **Burg Schwarzenstein** zu finden (Rosengasse 4, 65366 Johannisberg, Tel. 06 72 29 95 00, www.burg-schwarzenstein.de).

Tipp
Das Duftwunder

Als „Rosenstadt" gilt Eltville bereits seit 1871, als über eine halbe Million Rosen auf den Feldern vor der Stadtmauer standen – verkauft bis an den Hof von St. Petersburg. Offiziell trägt Eltville den Titel seit 1988. Grund für die Aufnahme in den Kreis der neun deutschen „Rosenstädte" war die Anlage des Rosengartens um die Kurfürstliche Burg. Im Schutz des Burggrabens, in der Altstadt und an der Rheinpromenade duften und blühen 22 000 Rosenstöcke in 350 Sorten, darunter die Flammenrot strahlende „Stadt Eltville" und die nach Apfel duftende „Schönes Eltville".

VEREIN ROSENFREUNDE ELTVILLE
www.rosenfreunde-eltville.de

Eleganz zeigt das zugehörige Restaurant € € € **Nils Henkel** (Mi.-Fr. abends, Sa., So. auch mittags geöffnet), das € € **Burgrestaurant** bietet gehobene Regionalküche (tgl.).

UMGEBUNG
Der steinerne Spätlesereiter erinnert daran, dass ein 1775 verspätet mit der Lesegenehmigung eintreffender Kurier auf **Schloss Johannisberg** (www.schloss-johannisberg.de) zur ersten Spätlese führte; denn die Benediktinermönche erkannten den Wert der Edelfäule. Die im Zweiten Weltkrieg zerstörte romanische Klosterbasilika (zugängl.) und das ebenso zerstörte Barockschloss (nicht zu besichtigen, Privatbesitz der Fürsten von Metternich) wurden wiederaufgebaut. Fantastisch ist die Lage über den Weinbergen mit Rheinpanorama, die man von der Terrasse des Gutsrestaurants Schloss Johannisberg (Tel. 06 72 29 60 90) genießt.

INFORMATION
Tourist-Information, Rathaus,
Rüdesheimer Straße 48, 65366 Geisenheim,
Tel. 0 67 22 70 11 22, www.geisenheim.de

❹ Oestrich-Winkel

Fast nahtlos gehen die traditionsreichen Winzerdörfer Oestrich, Mittelheim und Winkel (12 000 Einw.) ineinander über.

SEHENSWERT
Wahrzeichen Oestrichs ist der **Weinverladekran** (18. Jh.) am Rheinufer. Er erinnert an Zeiten, als hier der kurmainzische Weinvertrieb organisiert wurde. Die ursprünglich gotische Pfarrkirche **St. Martin** wurde oft verändert, **St. Ägidius** in Mittelheim blieb hingegen romanisch und weitgehend original. Im spätbarocken **Brentanohaus** in Winkel waren Goethe, Wieland und Beethoven zu Gast. Fast am Rhein liegt das **Graue Haus** (um 1160), einer der seltenen romanischen Profanbauten am Rhein.

RESTAURANT
Nobel geht man im Saal mit Wintergarten zu Tisch, ungezwungen auf der herrlichen Terrasse: € € € / € € **Gutsrestaurant Schloss Vollrads** TOPZIEL (Vollradser Allee, Winkel, Tel. 06 72 3 52 70, www.schlossvollrads.com). € € / € **Die Wirtschaft** ist eine urige Wein-

Üppiger Genuss und faszinierende Schlichtheit: Fass in Schloss Johannisberg und Langhaus der Klosterkirche von Eberbach

stube mit regionalen Spezialitäten (Hauptstraße 70, Winkel, Tel. 06 72 3 74 26, www.die-wirtschaft.net; Mo. und Di. geschl.).

UMGEBUNG
Zu den großen Weingütern des Rheingaus zählt **Schloss Vollrads** (www.schlossvollrads.com). An die Ursprünge der Burg erinnert der aus einem Teich ragende Wohnturm (14. Jh.).

INFORMATION
Tourist-Information Am Brentanohaus,
Hauptstr. 87, 65375 Oestrich-Winkel,
Tel. 0 672 36 01 28 06, www.oestrich-winkel.de

❺ Kiedrich

Das über 1000 Jahre alte Kiedrich (3900 Einw.) präsentiert sich als „das gotische Weindorf". Der umfriedete Pfarrbezirk ist geradezu eine spätgotische Schatzkiste. Im Dorf sind einige der besten Winzer des Rheingaus ansässig.

SEHENSWERT
Das mehrfarbige Tympanon über dem Portal der spätgotischen Pfarrkirche **St. Valentinus und Dionysius** (15. Jh.) zeigt Szenen aus dem Leben Mariens; im Innenraum beeindrucken u. a. Rankenmalereien und eine spielbare Orgel aus dem 15. Jh. Am ummauerten **Pfarrhof** reihen sich die spätgotische Michaelskapelle (15. Jh.), die Alte Schule (Fachwerk), das Pfarrhaus und das Grab von Sir John Sutton; der britische Baron hatte ab 1857 maßgeblich zur Rettung des Ensembles beigetragen. Stattliche Anwesen, etwa das Renaissance-**Rathaus** von 1585/86, erinnern an einstigen Wohlstand; prachtvollster Bau ist der Hof der Ritter von Groenesteyn im Mainzer Barock (1730; in Privatbesitz). Von **Burg Scharfenstein** (um 1215) oberhalb von Kiedrich blieb nur der runde Bergfried erhalten.

HOTEL
Im € € **Nassauer Hof** wird im Wintergarten oder auf der Terrasse gefrühstückt (Bingerpfortenstr. 17, http://hotel-nassauerhof.de).

INFORMATION
Fremdenverkehrsamt, Rathaus,
Marktstraße 27, 65399 Kiedrich,
Tel. 0 6123 90 50 10, www.kiedrich.de

❻ Eltville

Krieg und Zerstörung haben die zeitweilige Residenz der Mainzer Erzbischöfe (17 500 Einw.; Stadtrecht 1332) größtenteils verschont. Die Winzer geben hier ihr Bestes. Bahn und Straße machen einen Bogen um den Ort, dessen Uferfront zum Flanieren einlädt.

SEHENSWERT
Längs der von Platanen gesäumten **Rheinpromenade** reihen sich von Ost nach West die neugotische **Burg Crass** (Hotel-Restaurant), die **Kurfürstliche Burg** mit markantem Wohnturm (14./15. Jh., mit Gutenberg Gedenkstätte), der **Rosengarten**, das spätbarocke Haus Rose und der Eltzer Hof. Im Ort selbst folgt ein feudales Anwesen aufs nächste. Der **Stadtturm** im Nordosten der Altstadt war Teil der mittelalterlichen Befestigung. Die spätgotische Pfarrkirche **St. Peter und Paul** (14. Jh.) ist mit Heiligenfiguren, Fresken und Taufstein reich ausgestattet.

UMGEBUNG
Zu den ältesten Gebäuden des 1136 gegründeten ehemalige **Zisterzienserklosters Eberbach TOPZIEL** (www.kloster-eberbach.de) gehören der Kapitelsaal (vor 1186), die schlichte romanische Basilika (1145–1186), das Laienbrüderhaus und der gotische Kreuzgang (13./14. Jh.). Das Laiendormitorium (um 1200) ist mit 85 m der längste nichtsakrale mittelalterliche Raum nördlich der Alpen. Im alten Kelterhaus des Weinguts befinden sich heute die Vinothek der Hessischen Staatsweingüter und der Klosterladen. In den Hang wurde der neue Keller gebaut, über dem ein gläserner Pavillon mit Terrasse zur Weinprobe einlädt.

Tipp
Übernachten im Kloster

In Rot und Zisterziensergrau sind die modernisierten, behaglichen Zimmer im Wirtschaftsgebäude (16. Jh.) gehalten. Etwas abseits liegt die Klosterschänke mit Kreuzgewölbe aus dem 17. Jh. Auf ihrer Karte findet sich gutbürgerliche Küche mit regionalem Einschlag.

€ € / € **Kloster Eberbach,** 65343 Eltville, Tel. 06723 99 30, www.kloster-eberbach.de; Klosterschänke: tgl. 11.30–22.00 Uhr

INFORMATION
Tourist-Information im Besucherzentrum, Kurfürstliche Burg, Burgstr. 1, 65343 Eltville, Tel. 0612 39 09 80, www.eltville.de

---

Genießen Erleben Erfahren

Immer dem Römer nach

Radelspaß über 70 km verspricht die Rheingauer Riesling-Route. Ob man die Route von Kaub am Rhein bis Flörsheim am Main oder umgekehrt zurücklegt – man folge dem Römerglas. Mit diesem Pokal ist die Strecke markiert.

Es geht kommod los. Von Kaub bis nach Rüdesheim lehnt sich die Route an den Rhein. Für den Verkehr auf der parallel verlaufenden Bundesstraße 42 entschädigen der wunderbare Blick auf den Strom und schmucke Uferdörfer wie Lorch oder Assmannshausen.

In Rüdesheim geht es in die Weinberge. Die Route schlingert durch das Rebenmeer. Die leichten Steigungen, etwa oberhalb von Geisenheim, sind bei der Pause auf der Terrasse von Schloss Johannisberg bereits vergessen. Von nun an geht es bergab in Richtung Winkel. Kloster Eberbach und das Winzerdorf Kiedrich bieten erneut Einkehrmöglichkeiten.

Hinter Eltville rückt die Silhouette von Wiesbaden näher. Der Uferstraße folgend, geht es vorbei am Biebricher Schloss durch Grünanlagen zur Theodor-Heuss-Brücke und weiter zur Mainmündung. Vorbei am Königin-Viktoria-Denkmal verläuft der Riesling-Pfad erneut durch Weinberge in Richtung Flörsheim. Im Ortsteil Wicker locken Straußwirtschaften.

Weitere Informationen

Information: Rheingau-Taunus Kultur und Tourismus GmbH, Probeck'scher Hof, Rheinweg 30, 65375 Oestrich-Winkel, Tel. 06723 60 27 20, www.rheingau.de/wanderwege/rieslingrouten
Markierung: Gelber oder weißer Römer auf grünem Grund
Radverleih: Rad'l Mahl, Rheingaustr. 21, 65375 Oestrich-Winkel, Tel. 06723 6 79 26 90, www.radl-mahl.de
Radtransport: Die Schiffe der „Köln-Düsseldorfer" (2,80 € pro Strecke; www.k-d.com) und die Deutsche Bahn befördern Räder kostenlos.

Feudal und fidel

So viel Lokalpatriotismus darf sein: Bei jedem Tor von Mainz 05 wird der Narrhalla-Marsch gespielt. Womit der Bogen zur Fassenacht gespannt wäre, wenn Mainz so feiert „wie es singt und lacht". Anders gesagt: Mainz kann lustig. Und ist jung: Jeder fünfte Einwohner studiert. Und dass sich die Landeshauptstadt von Rheinland-Pfalz zudem als deutsche Weinmetropole versteht, erklärt sich aus ihrer Lage in Deutschlands flächenmäßig größtem Weinanbaugebiet Rheinhessen.

Es hat immer etwas von städtischer Idylle: Stände des Wochenmarkts auf dem Marktplatz von Mainz.

Das alte Mainz bleibt in der Grebenstraße in Form des Erbacher Hofs sichtbar (oben links). Auch der vom Dom überragte Mainzer Marktplatz konnte sein altes Gesicht und den Renaissance-Marktbrunnen, 1526 zur Feier der Niederschlagung der Bauernaufstände gestiftet, bewahren (oben rechts). Im Mittelschiff des Doms blieben die Ausmalungen des 19. Jahrhunderts erhalten (unten rechts). Und auf dem Dach der Hauptkirche des Bistums Mainz wacht St. Martin (unten links), dem das damals wieder aufgebaute Gotteshaus am 4. Juli 1239 in Anwesenheit von König Konrad IV. geweiht wurde.

Ein bisschen Karneval geht immer: Vorführung auf dem Mainzer Marktplatz anlässlich eines verkaufsoffenen Sonntags.

„Bei den einen neuen Maßstab setzenden Großbauten nach der Jahrtausendwende machte Mainz den Anfang ..."

Dethard von Winterfeld

Wie schwer die Zerstörungen im Zweiten Weltkrieg waren, wird in Ursula Krechels Roman „Landgericht" deutlich: Noch Jahre nach Kriegsende schreitet der Held des Romans, Landgerichtsdirektor Dr. Kornitzer, durch eine Ruinenlandschaft. Fast 80 Prozent von Mainz lagen in Schutt und Asche. Umso mehr freut man sich über verbliebene Altstadtidyllen wie den Kirschgarten. Mit Fachwerkfassaden, Kopfsteinpflaster und Marienbrunnen kommt der sich zu einer Gasse verengende Platz wie ein Dorf im tiefsten Rheinhessen daher. Auch in der benachbarten Augustinerstraße reiht sich im Schatten der spätbarocken Augustinerkirche ein historisch bedeutender Bau an den nächsten.

Es geht auch etwas bescheidener. In der leicht gebogenen Kapuzinerstraße scheinen sich die geduckten, teils spätmittelalterlichen Fassaden gegenseitig zu stützen. Eng wird es in der Fischergasse. Die Fischhändler, die in der parallel zum Rheinufer verlaufenden Gasse einmal ansässig waren, sind längst Vergangenheit. Geblieben sind ihre in die Fassaden eingelassenen Ladennamen.

Über allem strahlt der grandiose Dom, einer der drei rheinischen „Kaiserdome" (neben Speyer und Worms). Vor über tausend Jahren wurde der Grundstein für das romanische, in leuchtend rotem Sandstein errichtete Gebirge gelegt. Stolz ragt der mächtige Vierungsturm empor. Das Gewölbe von St. Martin hat allen Zerstörungen standgehalten. Wie Mainz auch.

Feudale Adelshöfe

Wer von Kastel über die Theodor-Heuss-Brücke nach Mainz fährt, wird von der feudalen Pracht am linken Rheinufer überwältigt. Nobel empfangen Neues Zeughaus und Deutschhaus den Ankommenden. Nicht ohne Grund hatte sich Napoleon das Deutschhaus als Domizil ausgeguckt. Heute tagt hier der Landtag, während das Zeughaus die Staatskanzlei beherbergt. Über beiden wachen rokokokett die Kirchtürme von St. Peter.

Etwas im Abseits scheint die buntsandsteinrote Fassade des Kurfürstlichen Schlosses geradezu zu glühen. Mit dem reich verzierten Sitz der Erzbischöfe begann im 17. Jahrhundert der Umbau von Mainz zur barocken Residenz. Adelshof auf Adelshof folgte – noch im selben Jahrhundert der Dienheimer Hof in der Mitternachtsgasse und der Ältere Dalberger Hof am Ballplatz, bis 1718 der Jüngere Dalberger Hof in der Klarastraße, bis 1733 der Stadioner Hof an der Großen Bleiche.

Das Heilig-Geist-Spital an der Mainzer Rheinstraße gehörte zu den ältesten Einrichtungen öffentlicher Mildtätigkeit – heute ist es Bar, Restaurant und Lounge.

Zum Fachwerk im Schatten des Mainzer Doms gehört das „Weinhaus zum Spiegel" in der Leichhofstraße.

Am Schillerplatz repräsentiert der Osteiner Hof. Davor steht der Fastnachtsbrunnen, ein Sammelsurium unzähliger Fastnachtsfiguren und -allegorien.

Vor dem massigen Mainzer Rathaus schwingt sich seit 1979 die Skulptur „Lebenskraft" über den Jockel-Fuchs-Platz.

Das schönste architektonische Ensemble bilden jedoch am Schillerplatz der elegante Bassenheimer Hof und der selbstbewusste Osteiner Hof, um 1750 errichtet. Es ist eine Pracht!

Stadt am Strom

Auch als Rheinhafen reicht die Geschichte von Mainz in die Antike zurück. Als 1981 bei den Aushubarbeiten für das Hilton-Hotel am Rheinufer fünf Schiffswracks des antiken Hafenbeckens gefunden wurden, war die Sensation groß. Nach genauer Analyse konnten die Holzgerippe als Flusskriegsschiffe identifiziert werden, von den Römern in der Phase ihres Niedergangs im 5. Jahrhundert einfach zurückgelassen. Zwei davon wurden detailliert nachgebaut. Sie sind

Nur wenige Städte bieten eine so große architektonische Vielfalt wie das einst Goldene Mainz.

die Publikumsmagneten im Museum für Antike Schifffahrt, auf den Fund hin in einer ehemaligen Markthalle eröffnet. Der Clou: Durch Fenster kann man den Restauratoren und Modellbauern bei der Arbeit in ihrer Werkstatt zuschauen.

Mit dem Bau des Hiltons, des Rathauses und der Rheingoldhalle kehrte Mainz in den 1970er- und 1980er-Jahren an den Strom zurück. Wie schon hundert Jahre zuvor das gründerzeitliche Viertel um den Fischtorplatz, entstand dieses neue Mainz vor den Stadtmauern. Deren früheren Verlauf markiert die Verkehrsschneise Rheinstraße. Neuester architektonischer Zugang ist das Hotel Hyatt, einbezogen in das preußische Fort Malakoff. Längs von Adenauer- und Stresemannufer ist zudem eine breite Promenade entstanden, die zum Flanieren, Joggen, Radfahren oder Inlineskaten einlädt. Im Schatten der Platanen lässt sich gut ausruhen, man schaut den Lastkäh-

Die Kunsthalle Mainz zeigt Wechselausstellungen zeitgenössischer Kunst. Sie hat ihr reizvolles Domizil im Ende des 19. Jahrhunderts errichteten Kessel- und Maschinenhaus des Mainzer Zollhafens.

Vor der Neuen Jüdischen Synagoge stehen restaurierte Säulenreste des einstigen Vorhofs der Hauptsynagoge – in Erinnerung an die Pogromnacht 1938 und ihre Zerstörungen.

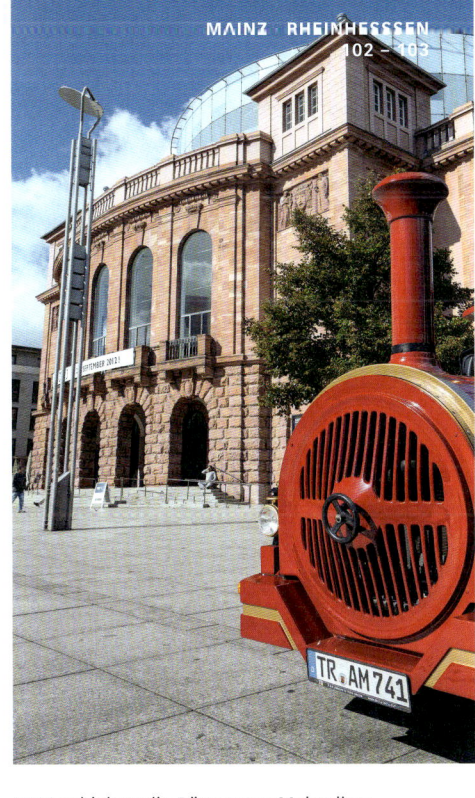

Hier sind sie noch in richtiger Funktion zu sehen: Setzkästen mit Buchstaben für den Handsatz im Druckladen des Gutenberg-Museums.

1833 erhielten die Bürger von Mainz ihre Bühne: Staatstheater am Gutenberg-Platz.

Jüdische Erinnerungen

Special

Magenza, das jüdische Mainz

In Mainz lassen sich Spuren jüdischen Lebens bis ins 10. Jahrhundert zurückverfolgen. Natürlich bleiben auch mittelalterliche Pogrome und die Verbrechen des Dritten Reiches im Bewusstsein.

Die Mainzer jüdische Gemeinde lebt: was dokumentiert das deutlicher als die 2010 an der Hindenburgstraße vollendete Neue Synagoge, dort, wo 1938 die alte Hauptsynagoge in der „Reichskristallnacht" in Flammen aufging. Die Form des skulpturalen, modernen Baus ist die Umsetzung des hebräischen Wortes Quadushah, Heiligung, in Architektur. Gezackte Konturen und die Verkleidung aus grün glänzenden Majolika-Stabkeilen kontrastieren stark mit der gründerzeitlich geprägten Mainzer Neustadt.

Traditioneller wirkt der Neue Jüdische Friedhof an der Unteren Zahlbacher Straße. Zum 1881 eröffneten Gräberfeld gehört eine Friedhofshalle im maurischen Stil. Auf den Gräbern

Jeder Stolperstein setzt ein Denkmal.

wechseln einfache Obelisken mit wilhelminisch-pomposen Steinen. An die einstige Bedeutung von Magenza, so der jüdische Name von Mainz, erinnern auch die Stolpersteine des Kölner Künstlers Gunter Demnig. Die mit einer Messingplatte versehenen Steine, in die Namen und Lebensdaten von Verfolgten oder Ermordeten eingraviert sind, findet man am Fischtorplatz, in der Kaiserstraße oder der Breidenbacher Straße.

nen, Kreuzfahrtschiffen und Ausflugsdampfern hinterher, die täglich in Flottenstärke auf dem Rhein vorbeiziehen.

Die Landeshauptstadt

Die Bischofsstadt Mainz ist den Umgang mit der Macht seit dem Mittelalter gewohnt. Als Vorbereitung auf die Rolle der Landeshauptstadt dürfen zudem die kurze Zeit als Präfektur des französischen Departements Donnersberg von 1798 bis 1814 und die Rolle als Hauptstadt der Provinz Rheinhessen im 19. Jahrhundert gelten. Als Mainz 1950 Landeshauptstadt des jungen Bundeslandes Rheinland-Pfalz wurde, war man im Repräsentieren sozusagen geübt. Kaum ein Ministerpräsident Deutschlands geht seinen Amtsgeschäften in so repräsentativen Mauern wie denen des Neuen Zeughauses nach. Auf staatstragenden Pomp wird ansonsten gern verzichtet.

Mainz ist eine Stadt von überschaubarer Größe. Das Ministerienviertel zwischen Kaiserstraße, Rheinufer, Großer Bleiche und Bauhofstraße ist in der Regel relativ schnell abgeschritten: Die funktionale Architektur der meisten Ministerien versprüht spröden Behördencharme. Mit einer Ausnahme: Etwas ab vom Schuss, dafür deutlich feudaler, residiert der Innenminister im barocken Bassenheimer Hof.

Ganz im Zeichen der (rheinhessischen) Reben stehen die Mainzer Weintage. Rund 60 Winzerbetriebe zeigen Ende April/Anfang Mai zwischen Theodor-Heuss-Brücke und Kaisertor, was sie können – und für die Verköstigung an kulinarischen Ständen ist bestens gesorgt.

Mainz 05 ist mehr als Fußball: Fans des 1. FSV vor dem Mainzer Fußballstadion in der Eugen-Salomon-Straße.

Einst sprudelnde Geldquelle: die Zollburg Ehrenfels und der Binger Mäuseturm, Ende des 19. Jahrhunderts gotisierend wiedererrichtet.

Weinseliges Mainz

Von den Kupferbergterrassen schweift der Blick über die Türme und Dächer der Altstadt. 1850 gründete Christian Adalbert Kupferberg, damals 26 Jahre alt, auf der Kästrich-Anhöhe über Mainz eine „Fabrication moussierender Weine". Ein mittelalterlicher Keller zur Lagerung des Schaumweins, der bald als „Kupferberg Gold" in London Furore machen sollte, war damals schon vorhanden. Bismarck kam im Jahr 1870, probierte, und blieb gleich ein paar Tage. Bis 1888 entstand ein siebenstöckiges unterirdisches Kellerlabyrinth. Im Jahr 1900 nahm die Boomkellerei der Gründerzeit an der Pariser Weltausstellung teil: Der fulminante „Traubensaal"-Weinpavillon ist nun in Mainz bei einer Kellerführung in seiner ganzer Jugendstilpracht zu bewundern. Ein paar Stockwerke höher weht dagegen ein frischer Designwind. Das schicke Restaurant Kupferberg Terrassen in einem der historischen Gewölbe der Sektkellerei katapultiert die traditionsreichen Kupferbergterrassen souverän ins 21. Jahrhundert. Auf der Weinkarte stehen größtenteils rheinhessische Tropfen, schließlich reichen die Reben des Anbaugebiets bis fast an die Stadtgrenze heran.

Kein Wunder also, dass Weinstuben zu Mainz gehören wie Rhein und Fastnacht. Bei Schoppe (halber Liter Wein) und Handkees (in Essig, Öl und Zwiebeln eingelegter Käse) geht dem Meenzer das Herz auf. Beides gibt es in Geberts Weinstuben in der Frauenlobstraße 94. „Mainzer Gastlichkeit" lautet hier das Leitmotiv. Dazu gehört auch eine gediegene Eleganz: Man sitzt kommod auf bordeauxroten Fauteuils. Lange Dielenböden sorgen für Heimeligkeit. Einige fränkische Tropfen erinnern an die Wurzeln der Familie, ansonsten überwiegen rheinland-pfälzische Reben mit klarem Schwerpunkt auf Rheinhessen.

Das Deutsche Weininstitut liegt am Stadtrand in Bodenheim. Als ob es noch eines weiteren Beweises bedurft hätte, dass Mainz eine Weinstadt ist!

DUMONT THEMA

WEIN

Rheinhessens Tropfen boomen!

Rheinhessen ist Deutschlands flächenmäßig größtes Weinanbaugebiet. Einst eher bekannt für Masse, überzeugt das Rebenmeer zwischen Mainz und Worms zusehends mit Klasse. Beim Mainzer Weinmarkt zeigen die Winzer Rheinhessens, was sie können.

Etwa ein Fünftel der zu Rheinland-Pfalz gehörenden Region Rheinhessen dient dem Weinbau, der über 6000 Winzerfamilien ihr Einkommen beschert. Mehr als 2,5 Mio. Hektoliter Wein kommen da alljährlich zusammen in einem der traditionsreichsten Anbaugebiete Deutschlands, das mit Stolz auf die älteste urkundlich belegte Weinlage Deutschlands verweisen kann: den Niersteiner Glöck aus dem Jahr 742.

Einst kamen aus Rheinhessen Spitzenweine mit teilweise legendärem Ruf. Dieser wurde allerdings in der zweiten Hälfte des 20. Jahrhunderts nachhaltig aufs Spiel gesetzt, als die Qualität oftmals der Quantität geopfert wurde. Die „Liebfrauenmilch" aus der Wormser Gegend ist ein unrühmliches Beispiel. Doch das ist Vergangenheit.

Ergebnis des Umdenkens

Viele der rheinhessischen Weingüter sind erst in den 1960er- und 1970er-Jahren entstanden, als in den Hügeln zwischen Nahe und Rhein massiv neue Rebflächen geschaffen wurden. Umso erstaunlicher ist die Qualität von Müller-Thurgau-, Silvaner- und Rieslingweinen, auf die knapp die Hälfte aller produzierten Trauben entfällt. Dass Rheinhessen unter Kennern wieder als überaus interessante Boomregion gilt, liegt an einer jungen Winzergeneration, die vermeintliche Traditionen beherzt über Bord wirft. Für Deutschland neuere Rebsorten wie Chardonnay und Sauvignon Blanc zeitigen trockene, ausdrucksstarke Weißweine. Winzer wie Hans Oliver Spanier genießen regelrechten Kultstatus. Der Ökowinzer aus Hohen-Sülzen – branchenintern nur HO genannt – überzeugt mit trockenen Rieslingen, die Ausdruck verschiedenster Terroirs sind. Mit seiner Frau Carolin Spanier-Gillot ist er Gründungsmitglied der rheinhessischen Winzervereinigung „Message in a bottle" alias „Rheinhessens junge Winzer". Dazu gehört auch das Weingut Keller in Flörsheim-Dalsheim.

Die Gruppe hat sich zwei Dinge auf die Fahne geschrieben: Spitzenqualität im Glas und Spaß am Wein. Und den haben nicht nur männliche Mitglieder: Die 26 jungen Winzerinnen und Winzer setzen konsequent auf Qualität und kennen die richtige Balance zwischen effizientem Arbeiten und Spaß am Leben. Sie scheinen cool zu sein bis in die Haarspitzen und haben doch viel Gefühl für das Stück Erde behalten, auf dem sie arbeiten. Für Carolin Spanier-Gillot, die den etwas angestaubten Begriff Terroir nicht gern in den Mund nimmt, liegt der Erfolg im Boden: „Rheinhessen hat einen Riesensprung nach vorne gemacht. Es hat das größte Portfolio an guten Lagen. Was die hergeben, ist unglaublich."

Weinpflege und Weinlese ist immer noch weitgehend Handarbeit – auch bei der Blauen Portugieser-Traube in den Siefersheimer Weinbergen (Abbildungen oben), wo auch das Weingut von Daniel Wagner zu finden ist (linke Seite).

Wenn althergebrachte Traditionen heutigen Erwartungen nicht mehr standhalten, müssen sie neuen Wegen weichen.

Ob Rheintal, Rheingau oder Rheinhessen: Die unterschiedlichen Weine der Region lassen sich gleich wunderbar vor Ort genießen.

Informationen rund um den Wein

Mainzer Weinmarkt mit Weinständen, Künstlermarkt, Musik, Oldtimerrundfahrt (www.mainzer-weinmarkt.de), Ende Aug./Anf. Sept. im Rosengarten und im Volkspark

Rheinhessen Touristik, Friedrich-Ebert-Str. 17, 55218 Ingelheim, Tel. 06132 44 17 18, www.rheinhessenwein.de

Message in a bottle, Kontakt über Stefan Winter, Weingut Winter, Am Geispitzheimer Hof 6, 67596 Dittelsheim, www.message-in-a-bottle.info

Weitere Winzer: Weingut Carolin Spanier-Gillot & H.O. Spanier, Ölmühlstraße 25, 55294 Bodenheim, Tel. 06135 23 33, www.kuehling-gillot.de und www.battenfeld-spanier.de; Weingut Keller, Bahnhofsstr. 1, 67592 Flörsheim-Dalsheim, Tel. 06243 4 56, www.keller-wein.de; Weingut Wagner-Stempel, Wöllsteiner Straße 10, 55599 Siefersheim, Tel. 06703 96 03 30, www.wagner-stempel.de; Weingut Helmut Geil, Am Römer 26, 55234 Monzernheim, Tel. 06244 2 20, www.geilwein.de; Weingut Georg Gustav Huff, Woogstraße 1, 55283 Schwabsburg, Tel. 06133 5 05 14, www.weingut-huff.com; siehe auch „Unsere Favoriten", S. 20/21

Kupferberg-Museum, Kupferbergterrasse 17, Mainz, Tel. 06134 57 06 67, www.kupferbergterrasse.com; Führung nach Anmeldung

Rotweine sind im Kommen

Nach dem Erfolg der Weißweine ziehen nun die Roten nach, ein echtes Novum. Abgesehen von Ingelheim, wo Rotwein seit jeher Tradition hat, beschreiten Winzer wie der Siefersheimer Daniel Wagner mit der Saint-Laurent-Traube önologisches Neuland. Wagners Ruf als Shootingstar ist längst gefestigt, seine Rieslinge aus der Lage Heerkatz und der frische Sauvignon Blanc sind auf dem Markt etabliert. Dass jedoch auch der trockene rote Saint Laurent im Kastanienhof des Weinguts bei den Hausgästen gut ankommt, weist den Weg in die Zukunft.

Einen Weg, den der Monzernheimer Winzerkollege Andreas Geil längst mit Bravour zurückgelegt hat. Leicht rauchig und voll ist der Spätburgunder des Jungwinzers und trotz Ausbaus im Eichenfass ohne zu dominante Holznote. Einen beachtlichen Frühburgunder präsentiert hingegen Stefan Huff aus Schwabsburg: Die wohlmundenden Aromen schwarzer Beeren verleihen dem körpervollen Wein seine elegante Note.

MAINZ · RHEINHESSEN
108 – 109

Der Jugendstil-Traubensaal war einst auf der Weltausstellung in Paris 1900 eingerichtet worden. Im Kupferberg-Museum in Mainz wurde er originalgetreu wiederaufgebaut.

INFOS & EMPFEHLUNGEN

Zentrum mit menschlichem Maße

Die rheinland-pfälzische Landeshauptstadt Mainz ist Medienstandort, Karnevalshochburg und wichtiger Wirtschaftsstandort. Den Kern der Stadt kann man gut zu Fuß erkunden. In der Nähe haben international bekannte Unternehmen ihren Sitz. In Rheinhessen reichen die rebengespickten Hügel bis an den Horizont.

Allgemein

In der Antike trug Mainz den römischen Namen Mogontiacum und erhielt um 300 das größte Bühnentheater nördlich der Alpen. Die Stadt war jüdische Metropole im Mittelalter, auch barocke kurfürstliche Residenz (1462–1792). Seit 1950 Landeshauptstadt von Rheinland-Pfalz, ist Mainz (214 000 Einw.) politisches Zentrum, zudem Bischofssitz (Erzbistum seit ca. 780) und Universitätsstadt (ab 1477).

INFORMATION
Tourist Service Center, Rheinstraße 55, 55116 Mainz, Tel. 06131 24 28 88, www.mainz-tourismus.com
Rheinhessen Touristik, Kreuzhof 117, 55268 Nieder-Olm, Tel. 06136 92 39 80, www.rheinhessen.de

Leuchtend rot zeigt sich das Mainzer Schloss, wunderschön bunt die Fastnacht und prunkvoll das Prachtfass im Kupferberg-Museum.

Sehenswert

UM DEN DOM
Drei Plätze – Höfchen, Markt und Liebfrauenplatz – setzen den ❶ **Dom St. Martin** (Grundsteinlegung 975) in Szene. Älteste Bauteile sind die romanische Gotthardkapelle und das bronzene Marktportal (um 1200). Der mehrmals wiederaufgebaute Dom hütet die Grabmäler der Mainzer Erzbischöfe. Der spätgotische Kreuzgang ist Teil des **Bischöflichen Dom- und Diözesanmuseums,** in dem Objekte aus 2000 Jahren Mainzer Kirchengeschichte gezeigt werden (Domstraße 3, Tel. 06 13 1 25 33 44, www.dommuseum-mainz.de; Di.–Fr. 10.00–17.00, Sa., So. 11.00–18.00 Uhr). Zum tausendjährigen Jubiläum wurde auf dem benachbarten **Markt** die Heunensäule (11. Jh.) aufgestellt. Blickfang des Platzes ist der Marktbrunnen (Renaissance, 1526). Die Nordseite des Platzes beherrscht das Renaissancepalais Zum Römischen Kaiser (um 1655; heute Gutenberg-Museum). Das ehem. ⓫ **Jesuitenkolleg,** Alte Universität (1618) genannt, gehört zur Mainzer Universität. Fast gegenüber erhebt sich gotisch Mainz' älteste Pfarrkirche **St. Quintin** (ab 1288). In der gotischen Hallenkirche ❻ **St. Stephan** (um 1250, vollendet um 1500) wurden bis 1985 neun farbkräftige Glasfenster von Marc Chagall eingesetzt; der Kreuzgang (1499) ist ein Meisterwerk der Spätgotik (März–Okt. Mo.–Sa. 10.00–17.00, So. ab 12.00 Uhr, sonst bis 16.30 Uhr). Der ❾ **Schillerplatz** vermittelt mit Osteiner Hof (18. Jh.; urspr. Palais des Kurfürsten Johann Friedrich Karl von Ostein) und Bassenheimer Hof (um 1750; urspr. Witwenpalais für die Schwester des Kurfürsten) ein Bild vom barocken Glanz der Residenzstadt. Vor den Adelshöfen steht der bronzene Fastnachtsbrunnen (1967) mit 200 Symbolfiguren des närrischen Treibens.

NEUSTADT
⓮ **Neue Synagoge,** Ecke Hindenburgstraße/Josefsstraße: Als Erinnerung an die Pogromnacht 1938 hat der Kölner Architekt Manuel Herz die dorischen Säulenreste der einstigen Synagoge vor den skulpturalen, modernen Bau gesetzt (Führungen durch Jüdische Gemeinde, Synagogenplatz, Tel. 06 13 1 2 10 88 00, www.jg mainz.de). An der Unteren Zahlbacher Straße liegt der ❼ **Neue Jüdische Friedhof** (Mo. bis Do., So. 8.00–19.00, Fr. bis 14.00 Uhr).

Im ZDF zu Gast

Wer immer schon einmal die Perspektive wechseln wollte, der ist auf dem Lerchenberg genau richtig. Denn hier geht es für den Besucher raus aus dem Fernsehsessel und rein in Sendungen wie das Aktuelle Sportstudio oder das Magazin WiSo.

Anfahrt: über die A60 Bingen-Mainz-Rüsselsheim, Ausfahrt Lerchenberg. Bus und Bahn: www.mainzer-mobilitaet.de, www.ticketservice.zdf.de.

INFOS & EMPFEHLUNGEN

AM RHEIN

Eine Promenade mit Platanenallee verläuft längs der Mainzer Rhein-Schauseite. Im Norden begrenzt der Rheinflügel des aus rotem Sandstein errichteten ⑯ **Kurfürstlichen Schlosses** (ab 1627, heute Museum) das Rheinpanorama. Das spätbarocke, von zwei Eingangspavillons flankierte **Deutschhaus** (1730–1734) ist Sitz des Landtags, das benachbarte **Neue Zeughaus** (bis 1740) Sitz der Staatskanzlei. An der Stadtmauer zum Strom steht die gotische ⑰ **Karmeliterkirche** (14. Jh.). Raumeinnehmender als die genannten Bauten zusammen ist die funktionalistische ⑰ **Rheingoldhalle** (bis 1968), die aber vom ⑱ **Rathaus** (bis 1973) des dänischen Architekten Arne Jacobsen noch übertrumpft wird – Brachialstil pur. Hinter dem Rathaus erhebt sich der **Brückenturm** (1240). Der ② **Fischtorplatz** ist ein sich zum Rhein hin öffnendes gründerzeitliches Ensemble mit herrschaftlicher Attitüde. Noch aus der zweiten Reihe ragt der **Holzturm** (um 1400), einst Teil der Stadtbefestigung, gut sichtbar empor. Das in ein Luxushotel integrierte ③ **Fort Malakoff** (1843), urspr. Teil der preußischen Befestigung, markiert den südl. Endpunkt des Rheinpanoramas.

RÖMISCHES MAINZ

Römisches Theater nennt sich ein Bahnhof im Süden der Stadt, in dessen Nähe das größte römische ④ **Bühnentheater** (Anf. 1. Jh.) nördl. der Alpen ausgegraben wurde. In der Südbastion der nahen barocken **Zitadelle** aus dem 17. Jh. ist der ⑤ **Eichelstein** (1. Jh.) bewahrt, dessen Bedeutung unklar ist: Vielleicht ist es der Sockel eines einst 25 m hohen Denkmals für den röm. Feldherrn und Stadtgründer Drusus. Monumentaler sind die ⑦ **Römersteine** im Westen der Stadt, urspr. Pfeiler eines Aquädukts. Eine Kopie des ⑯ **Dativius-Victor-Bogens** (Orig. im Landesmuseum) steht neben dem Römisch-Germanischen Zentralmuseum; der Triumphbogen wurde im 3. Jh. zu Ehren des Kaiserhauses errichtet. Auch die **Jupitersäule** vor dem Deutschhaus ist ein Abguss eines Originals aus dem 3. Jh. Eine Sensation war 2000 der Fund des ⑫ **Isis-und-Mater-Magna-Heiligtums** (3. Jh.; Römerpassage 1; Mo.–Sa. 10.00–18.00 Uhr), das die Verehrung der Römer für die altägyptische Gottheit und die orientalische Muttergöttin belegt (www.roemisches-mainz.de).

Ein Spaziergang durch Ingelheim führt zu den Relikten der Kaiserpfalz, zu den Resten der Römerzeit.

Museen

Wie Johannes Gutenberg vor etwa 550 Jahren in seiner Heimatstadt den Druck mit gegossenen Lettern und die Druckerpresse erfunden hat, wird im ① **Gutenberg-Museum TOPZIEL** demonstriert (Liebfrauenplatz 5, www.gutenberg-museum.de; Di.–Sa. 9.00 bis 17.00, So. 11.00–17.00 Uhr); im nachtblauen Tresorraum sind drei von weltweit 49 erhaltenen Gutenberg-Bibeln zu sehen. Das ⑬ **Landesmuseum** spannt den Bogen von keltischen Glasfiguren des 2. Jh. über eine mittelalterliche fürstliche Grabstätte, die Inszenierung des Mainzer Barock sowie Jugendstilgläser bis zur Gegenwart (Große Bleiche 49–51, www.landesmuseum-mainz.de; Mi.–So. 10.00 bis 17.00, Di. bis 20.00 Uhr). Im Kurfürstlichen Schloss präsentierte bislang das ⑯ **Römisch-Germanische Zentralmuseum** antike und frühmittelalterliche Funde aus Europa und dem Vorderen Orient; jetzt wurde mit einem Neubau begonnen – Eröffnung 2020 (Ernst-Ludwig-Platz 2, www.rgzm.de; z. Zt. geschl.). Im ④ **Museum für Antike Schifffahrt** sind Nachbauten spätantiker Militärschiffe zu bewundern, deren Originale bei Bauarbeiten am Mainzer Rheinufer ans Tageslicht kamen (Neutorstraße 2b, www.rgzm.de; Di.–So. 10.00 bis 18.00 Uhr). Lokalgeschichte wird im ⑤ **Stadthistorischen Museum** anschaulich (Zitadelle, Bau D, www.stadtmuseum-mainz.de; Fr. 14.00 bis 17.00, Sa., So. 11.00–17.00 Uhr); die jüdische Geschichte von Mainz und das Wirtschafts- und Arbeitsleben im 19. und 20. Jh. bilden die beiden Dauerschauen. Das Proviantmagazin (bis 1867) in der Festung beherbergt das ⑤ **Fastnachtsmuseum** (Neue Universitätsstraße 2, www.mainzer-fastnachtsmuseum.de; Di.–So. 11.00–17.00 Uhr). Der Traubensaal der Pariser Weltausstellung 1900 ist Besuchermagnet des ⑧ **Kupferberg-Museums** (Kupferbergterrasse 17, www.kupferbergterrasse.com; Führung nach Anm.). Die ⑮ **Kunsthalle Mainz** ist ein Ausstellungszentrum für zeitgenössische Kunst. Der Bau verbindet gründerzeitliche Architektur mit einem hypermodernen Trakt (Am Zollhafen 3–5, www.kunsthalle-mainz.de; Di., Do., Fr. 10.00–18.00, Mi. 10.00–21.00, Sa., So., Fei. 11.00–18.00 Uhr).

Musik und Theater

Das ⑩ **Staatstheater** (Gutenbergplatz 7, Tel. 06 13 1 285 12 22, www.staatstheater-mainz.de) vereint Großes Haus (Oper, Konzerte, Ballett), Kleines Haus (Schauspiel) und TIC Studiobühne (Spritzengasse 2) für junges, experimentelles Theater. Die ③ **Mainzer Kammerspiele** (Fort Malakoff Park/Rheinstraße 4, Tel. 06 13 1 22 50 02, www.mainzer-kammerspiele.de) zeigen Sprechtheater, Revuen, Ballett und Kinder-Musicals. Das ⑨ **unterhaus** (Münsterstraße 7, Tel. 06 13 1 23 21 21, www.unterhaus-mainz.de) ist eine der bedeutenden Kleinkunstbühnen Deutschlands mit Kabarett, Chanson- und Liedprogramm.

Veranstaltungen

Zur **Fastnacht** (Feb., März) gehört der Rosenmontagszug. Kleinkunst gibt es beim **Open Ohr Festival** im Mai (www.openohr.de). Zur **Mainzer Johannisnacht** dreht sich das Riesenrad. Mainzer **Weinmarkt** im Juli/Aug.; Weihnachtsmärkte im Nov./Dez.

Hotel / Restaurants

HOTEL
€ € € / € € **Hyatt Regency,** ein modernes Hotel mit Panoramablick auf den Rhein (Malakoff-Terrasse 1, www.mainz.regency.hyatt.com).

RESTAURANTS
Die € € € / € € **Kupferberg-Terrassen** sind puristisch im Gewölbe der Sektkellerei; anspruchsvolle Küche (Kupferberg 17, Mainz, www.restaurant-kupferberg.de). In € € **Geberts Weinstuben** wird in der 5. Generation traditionell gut gekocht (Frauenlobstr. 94, www.geberts-weinstuben.de).

Umgebung

⑲ **Ingelheim** (26 000 Einw.) ist die Stadt des Rotweins und die eines der größten Anbaugebiete für Sauerkirschen in Europa. Bedeutender kulturhistorischer Schatz sind die Reste einer Kaiserpfalz Karls des Großen aus dem späten 8. Jh. in Nieder-Ingelheim; ein Modell im

»*Im nachtblauen Tresorraum des Mainzer Gutenberg-Museums sind 3 von weltweit 49 erhaltenen Gutenberg-Bibeln zu sehen.*«

Auf Hexentour

Gluckenschwer duckt sich Siefersheim in eine Talsenke. Wahrzeichen des Dorfs ist der Ajaxturm. Ein Winzersohn hat den Weinbergsturm vor ca. 100 Jahren errichten lassen. Liebeskummer sei der Grund gewesen, so die Legende. Der Turm liegt an der 8 km langen Bänkelches-Route, die ihren Namen den 15 Bänken am Wegesrand verdankt. Dies und was sonst noch zu sehen ist, erklären die „Siefersheimer Kräuterhexen" auf ihren Führungen.

㉑ Siefersheim, Wonsheimer Straße 13, Tel. 06703 665, www.kraeuter-hexen.de

Besucherzentrum und Museum bei der Kaiserpfalz veranschaulicht die einstigen Ausmaße (April–Okt. Di.–Do. 10.00–17.00, Fr.–So. 10.00 bis 18.00, Nov.–März Di.–So. 10.00–16.00 Uhr). Erhalten ist u. a. die Aula Palatina mit mächtiger Apsis (www.kaiserpfalz-ingelheim.de; tgl.). Bei ⓴ **Bingen** (26 000 Einw.) fließt die Nahe in den Rhein. Die Drususbrücke (11. Jh.) über die Nahe gilt als älteste mittelalterliche Brücke Deutschlands. Wahrzeichen von Bingen ist der Mäuseturm (14. Jh.) auf einer Rheininsel, urspr. Zoll- und später Signalturm – bei Bingen verengt sich das Rheintal dramatisch und die Felsen und Inselchen erschweren das Navigieren. Zum „Land der Hildegard" (www.landderhildegard.de) haben sich die Orte vereint, an denen die hl. Hildegard (1098–1179) gewirkt hat. Mehr über ihr Leben erfährt man im Museum am Strom (Museumstraße 3, Bingen). Neben dem Museum zeigt der Hildegarten (beide Di.–So.) Heilpflanzen. Die Rochuskapelle über dem Ort (1666) hütet Hildegardreliquien. Das dortige Hildegardforum der Kreuzschwestern (www.hildegard-forum.de) lädt zur Meditation ein.

INFORMATION

Tourist-Information, Neuer Markt 1, 55218 Ingelheim am Rhein, Tel. 06132 78 22 16, www.ingelheim.de
Tourist-Information, Rheinkai 21, 55411 Bingen am Rhein, Tel. 06721 18 42 05, www.bingen.de

---

Genießen   Erleben   Erfahren

Mainz im Laufschuh

DuMont Aktiv

Joggend von Sehenswürdigkeit zu Sehenswürdigkeit: Sightjogging heißt diese etwas andere Stadterkundung. Als Parcours dient die Strecke des traditionellen Drei-Brücken-Laufs, bei der es, wie es der Name unzweideutig verrät, mehrmals über die Rheinbrücken geht. En courant werden dabei die wichtigsten Sehenswürdigkeiten besichtigt.

Das Tempo gibt man selbst vor, darin unterscheidet sich das Sightjogging nicht von jeder anderen Form des Joggens. Auch persönliche Interessen können beim Laufen eine Rolle spielen, etwa ob es mehr um die Geschichte der Hafenstadt Mainz gehen soll – dann läuft man eher am Rhein lang – oder um die römische Stadt – dann führt die Tour auch in Außenbezirke. Anspruchsvoll ist die vorgeschlagene Drei-Brücken-Tour, bei der Rheinufer, vier Rhein- und Mainbrücken, Maaraue und das rechtsrheinische Mainz-Kastel erlaufen werden, in jedem Fall. 7,8 Kilometer sind schließlich kein Pappenstiel. Dafür müssen nur ganze 10 Höhenmeter bewältigt werden.

Der Drei-Brücken-Lauf wird alljährlich im Rahmen der Mainzer Johannisnacht Ende Juni veranstaltet. Die traditionelle Strecke führt dabei vom Start am Rathaus über die Theodor-Heuss-Brücke, die Maaraue und die Kostheimer Brücke zurück über die Eisenbahnbrücke bis zum Fischtor. Und für die Fitness tut man auch gleich etwas.

Weitere Informationen

Infos:
www.mainz.de/freizeit-und-sport/dreibrueckenlauf.php

Dauer: 1–2 Std.

Anmeldung zum offiziellen Drei-Brücken-Lauf im Juni (online): www.laufzeiterfassung.de
Startgeld: 7 €; Nachmeldungen (9 €) sind am Lauftag von 7.45 bis 8.45 Uhr im Startbereich (Einfahrt Rathaustiefgarage) möglich.

Im Laufschritt durch die Stadt: In Mainz macht man so nicht nur etwas für seine Fitness, sondern lernt gleich die Stadt und ihre Attraktionen kennen.

UNSERE FAVORITEN

Die schönsten Wanderetappen

Wanderer, kommst du zum Rhein ...

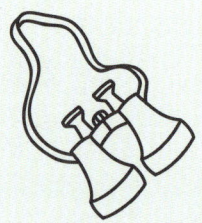

Der Strom ist das Ziel. Wer am Rhein wandert, möchte das Wasser, die Schiffe darauf, das Ufer im Blick haben. Das war schon in der Romantik so. Nun bringt der 2005 eröffnete Rheinsteig eine junge, hippe Wanderklientel ins Tal. Der Strom ist weiterhin das Ziel. Doch der eine oder andere Schlenker in abgeschiedene Seitentäler oder menschenleere Höhen ist erwünscht.

③ Märchen aus uralten Zeiten

Oberhalb von St. Goarshausen erlaubt der „Dreiburgenblick" die Aussicht auf die Feste Rheinfels, Burg Katz und Burg Maus zugleich. Doch wer sich für diesen Abschnitt des Rheinsteigs entscheidet, will vor allem eines: zur Loreley. Der berühmte Fels kragt nach ungefähr einem Drittel der Strecke dramatisch zum Strom aus.

St. Goarshausen – Kaub
Start- und Endpunkt: Bahnhöfe in St. Goarshausen und Kaub
Länge: 24 km
Dauer: 7,5 Std.
Ausschilderung: R – das Symbol des Rheinsteigs
Schwierigkeit: mittel, mit sanften Steigungen, vielen Einkehrmöglichkeiten, wenig Schatten

① Aus der Bundeshauptstadt hinaus

Der erste Abschnitt führt über Asphalt und Pflaster: Denn der Rheinsteig, dessen Symbol wir folgen, beginnt auf dem Marktplatz der ehemaligen Bundeshauptstadt Bonn. Es geht anschließend über die Kennedy-Brücke aufs rechte Ufer des Stroms. Wir folgen dem Weg durch den Niederwald an die Hänge des Siebengebirges. Mit der Ruine des Klosters Heisterbach (Abb.) wird eine Ikone der Rheinromantik besichtigt, beim Gästehaus des Bundes auf dem Petersberg der alten Bundesrepublik gedacht. Ihren Abschluss findet die Wanderung in Königswinter, „nicht davor und nicht dahinter". So textet ein Karnevalslied. Man stimmt gut gelaunt mit ein.

Bonn – Königswinter
Start- und Endpunkt: Bahnhöfe in Bonn und Königswinter
Länge: 21 km
Dauer: 5,5 Std.
Ausschilderung: R – das Symbol des Rheinsteigs
Schwierigkeit: mittel, viele Einkehrmöglichkeiten

② Zwei Flüsse, ein Weg

Die Wanderung von der Lahn an den Rhein kennt nur ein Ziel: die Marksburg, eine typische Höhenburg des Rheintals und eines der prägnantesten Wahrzeichen am Mittelrhein. Es geht verbummelt in Niederlahnstein los, über die Lahn östlich nach Friedland weiter und über Streuobstwiesen. Vorbei an ehemaligen Erzgruben und durch Weinberge führt der Weg an den Rhein nach Braubach. Ein letzter Kraftakt beim steilen Aufstieg zur Marksburg ist nun fällig. Lohnt sich aber, allein schon wegen der grandiosen Aussicht!

Niederlahnstein – Braubach
Start- und Endpunkt: Bahnhöfe in Niederlahnstein und Braubach
Länge: 13 km
Dauer: 4 Std.
Ausschilderung: R – das Symbol des Rheinsteigs
Schwierigkeit: mittel, mit steilen Anstiegen, die Schwindelfreiheit erfordern

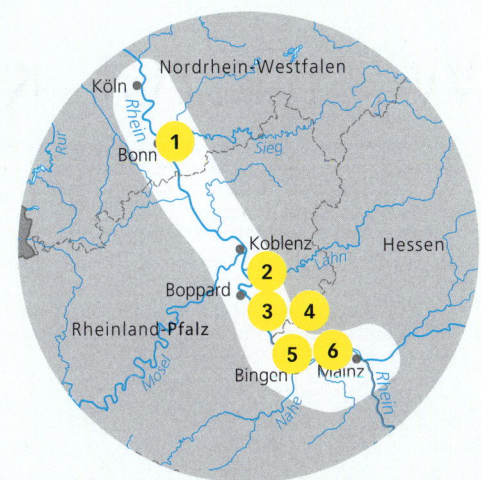

4 Powerdörfer

Oberwesel und Bacharach auf dem linken Ufer des Stroms zählen zu den Höhepunkten jeder Rheintour. Beide Orte können mit ihrer zauberhaften Lage und bedeutenden Baudenkmälern punkten. Unterwegs kommen die Ruine der Schönburg, der Blick auf den vor Kaub im Strom thronenden Pfalzgrafenstein und die Burg Stahleck hinzu. Für Einkehrmöglichkeiten ist im Hunsrückdorf Langscheid-Henschhausen gesorgt.

Oberwesel – Bacharach
Start- und Endpunkt: Bahnhöfe in Oberwesel und Bacharach
Länge: 14,5 km,
Dauer: 5 Std.
Ausschilderung: Rheinpfad (Symbol des Rheins und einer Burg), Weintraube (weißes Symbol), Wanderweg 38, Schwierigkeit: mittel, vier starke Anstiege, wenig Schatten

5 Immer dem Römerglas nach

Der spektakulärste Abschnitt des Rheingauer Rieslingpfads beginnt ausgerechnet in Assmannshausen – das für seine roten Spätburgunderweine bekannt ist. Obendrein sind die Bergflanken unterwegs teils so steil, dass sie für eine Rebbepflanzung nicht infrage kommen. Einerlei, die Ausblicke vom Assmannshausener Höllenberg zur Burg Rheinstein sind grandios, der Weg später durch den Wald ist lauschig, Lorch seit der Restaurierung des prachtvollen Renaissance-Hilchenhauses wieder ein Juwel. Und in Lorch gibt es mit dem „Hotel im Schulhaus" eine komfortable Unterkunftsmöglichkeit, um die müden Knochen auszuruhen.

Assmannshausen – Lorch (Rieslingpfad)
Start- und Endpunkt: Bahnhöfe in Assmannshausen und Lorch
Länge: 13 km
Dauer: 4 Std.
Ausschilderung: Römerweinpokal des Rheingauer Rieslingpfads
Schwierigkeit: einfach, viel Schatten
Übernachtung: www.hotel-im-schulhaus.com

6 Der Name der Rose

Wir wissen zwar nicht, ob der Schauspieler Sean Connery als Wanderer eine gute Figur gemacht hätte, als Mönch in der Verfilmung von Umberto Ecos Roman „Der Name der Rose" aber hat er überzeugt. Kloster Eberbach, wo der Film in Teilen gedreht wurde, ist nur ein Höhepunkt der Rheingauwanderung. Das Brentano-Haus, Schloss Vollrads oder das hübsche Weindorf Kiedrich sind weitere. Anders gesagt, man sollte viel Zeit für Besichtigungen oder Einkehr einplanen.

Oestrich-Winkel – Erbach
Start- und Endpunkt: Bahnhöfe Mittelheim in Oestrich-Winkel und Bahnhof in Erbach
Länge: 23 km
Dauer: 7 Std.
Ausschilderung: R – das Symbol des Rheinsteigs
Schwierigkeit: anspruchsvoll, viele Anstiege und felsige Passagen, die Schwindelfreiheit erfordern, eine lange Strecke

Vielfalt pur erleben: Besichtigungstour per Segway, Eintauchen in die Welt des Weins im Kloster Eberbach und in die romantische Stimmung auf der „Alten Liebe" in Königswinter

Service

Keine Reise ohne Planung. Auf den folgenden Seiten haben wir für Sie Wissenswertes und wichtige Informationen für Ihren Urlaub am Rhein zusammengefasst.

Anreise

Mit dem Auto: Autobahnen begleiten das Rheintal zu beiden Seiten. Linksrheinisch verbindet die A 61 über die Anschlussstücke A 565 und A 1 die Städte Köln und Bonn mit dem rheinhessischen Bingen. Von Bingen bis Mainz führt die A 60 weiter. Rechtsrheinisch nähert sich die A 3 nur in ihrem nordwestlichen Abschnitt (Köln–Neuwied) dem Rheintal wirklich. Die links- und rechtsrheinischen Autobahntrassen verbindet auf der Höhe von Koblenz die A 48. Direkt ans Ufer legen sich beidseitig Bundes- und Schnellstraßen (B 9 linksrheinisch, B 42 rechtsrheinisch); beide sind zur Hauptsaison staugefährdet.
Rheinbrücken gibt es in Köln, Bonn, Linz, Neuwied, Koblenz und Mainz. Ansonsten verbinden Autofähren zwischen Bingen und Rüdesheim, Oestrich-Winkel und Ingelheim, Lorch und Niederheimbach, bei Kaub, St. Goar und St. Goarshausen, Bad Hönningen und Bad Breisig, Bad Honnef und Rolandseck, Königswinter und Bonn-Mehlem, Bad Godesberg und Niederdollendorf die Rheinufer. Hinzu kommen etliche Personenfähren (www.fähren-rhein.de).
Mit der Bahn: Der Rhein wird beidseitig von Bahnlinien bedient. Fast jeder Ort am Ufer hat einen eigenen Bahnhof. Für schnelles Vorankommen eignet sich der ICE Köln–Frankfurt, der die 180 km lange Strecke via Flughafen Frankfurt in gut einer Stunde absolviert, jedoch auf einer Trasse oberhalb des Rheintals. Für Sightseeing sind die IC- und Regionalzug-Verbindungen besonders auf der linken Rheinseite geeignet, bei denen fast alle touristischen Höhepunkte des Rheintals vor dem Abteilfenster vorbeiziehen. Auskunft in allen DB Reisezentren und Reisebüros bzw. auf www.bahn.de. Kostenpflichtige Auskunft der Bahn unter Tel. *01806 99 66 33 (20 ct./Anruf aus dem Festnetz, Tarif bei Mobilfunk max. 60 ct./Anruf).
Mit dem Flugzeug: Die Flughäfen Köln-Bonn (www.koeln-bonn-airport.de) und Frankfurt (www.frankfurt-airport.de) werden von zahlreichen anderen deutschen Flughäfen direkt angeflogen. Beide werden sowohl von regulären Fluggesellschaften als auch von Low Cost Airlines bedient.

Auskunft

Überregional
Tourismus NRW
Völklinger Straße 4, 40219 Düsseldorf,
Tel. 02 11 91 32 05 00, www.nrw-tourismus.de;
Informationen über den Abschnitt von Köln bis Bonn und das Siebengebirge

Rheinland-Pfalz Tourismus GmbH
Löhrstraße 103, 56068 Koblenz,
Tel. 02 61 91 52 00, www.gastlandschaften.de
Informationen über den Abschnitt vom Rolandsbogen bis Mainz, nicht aber zum rechtsrheinischen Rheingau, der zu Hessen gehört.

Hessen Agentur
Konradinerallee 9, 65189 Wiesbaden,
Tel. 06 11 95 01 78 1 91, www.hessen-tourismus.de, Informationen u. a. zum Rheingau

Regional
Naturpark Siebengebirge
Forsthaus Lohrberg, Löwenburger Straße 2,
53639 Königswinter, Tel. 02 22 3 90 94 94,
www.vv-siebengebirge.de

Ahrtal-Tourismus
Hauptstraße 80,
53474 Bad Neuenahr-Ahrweiler,
Tel. 02 64 1 91 71 0, www.ahrtal.de

Eifel Tourismus Gesellschaft
Kalvarienbergstraße 1, 54595 Prüm,
Tel. 06 55 1 96 56 0, www.eifel.info

Rheingau-Taunus Kultur und Tourismus GmbH Kloster Eberbach (Pfortenhaus),
Haus der Region, Rheinweg 30, 65375 Oestrich-Winkel, Tel. 06 72 3 60 27 20,
www.kulturland-rheingau.de

Rheinhessen-Touristik GmbH
Kreuzhof 1, 55268 Nieder-Olm,
Tel. 06 13 6 92 39 80, www.rheinhessen.info

Essen und Trinken

Gerichte – Rheinischer Sauerbraten wird in seiner Urform aus Pferdefleisch zubereitet, heute kommt jedoch in der Regel Rindfleisch auf den Tisch. Der **halve Hahn** im Kölner Brauhaus ist ein halbes Brötchen mit Mittelaltergouda, bei **Himmel und Erde** handelt es sich um Kartoffelbrei mit Apfel und Blutwurst. Muscheln „kutterfrisch" stammen zwar von der Nordsee, haben aber wie der Hering auch über

SERVICE

Das „Mosaik von Lachs und Zander" auf Schloss Vollrads bezaubert das Auge.

den Strom auf die Tische des Rheinlands gefunden. Man sieht, es wird traditionell eher deftig am Rhein gegessen.
Wild aus der Eifel, dem Westerwald, Hunsrück und Taunus bestimmt im Winter die Speisekarte. Wildschweingulasch oder Rehsülze sind Klassiker in Dorfgasthöfen und Weinwirtschaften, doch es geht auch nobel. Der Eifler Rehrücken, den Zwei-Sterne-Koch Hans Stefan Steinheuer in Heppingen an der Ahr serviert, gilt als der landesweit beste. Apropos – es gibt gastronomische Inseln in der eher gutbürgerlich orientierten Restaurantlandschaft des Rheintals. Die Ahr gehört dazu, was nicht zuletzt der Nähe zu Bonn und einer betuchteren Klientel geschuldet ist. Der Rheingau ebenso – wie die Ahr eine prominente Weinregion und dank Wiesbaden mit einer einkommensstarken Bevölkerung quasi vor der Haustür verwöhnt. Nicht zu vergessen Großstädte wie Köln, Bonn und Mainz, die sich bei Genießern mit einer Restaurantszene hervortun, die asiatische Einflüsse und neue deutsche Hochküche vereint.
Zu einer **Weinstube** gehört ein ordentlicher Winzerteller mit viel Wurst und Schinken. In Mainz nennt sich der zum Schoppen gern servierte Weinstubenklassiker **Handkäse mit Musik,** gemeint ist ein in Essig, Öl und Zwiebeln marinierter Käse, dessen blähende Wirkung als Musik umschrieben wird.
Getränke – Wer Wein sagt, muss auch Bier sagen. Köln und Bonn sind Biermetropolen, in beiden wird das obergärige, helle **Kölsch** gebraut. Serviert wird es in Kölner Brauhäusern von dem „Köbes".
Südlich von Bonn stehen die ersten Reben. **Wein** führt nun die Getränkekarten an. Die Qualität der Rheinweine war einmal legendär und ist es nach langen Zeiten des Niedergangs auch wieder. Aus dem Rheingau stammen schließlich einige der besten Rieslinge weltweit; die Ahr steht für weltweit beachtete Spätburgunder.
Doch es geht auch ohne Alkohol. Brohler, Rhenser, Apollinaris, Tönissteiner, Lahnsteiner sind bekannte **Mineralwässer,** die aus dem Rheinland stammen. Das Rheintal ist auch ein altes Obstanbaugebiet: Eines der größten dieser Gebiete im Rheinland liegt im Raum Meckenheim bei Bonn. **Fruchtsäfte** aus Bad Hönningen oder Unkel sind ebenfalls regionaltypisch.

Naturparks

Zwischen Köln und Bonn reicht der Naturpark Rheinland bis ans Ufer des Stroms, ebenfalls der Naturpark Rhein-Westerwald, der Teile des Rheinischen Schiefergebirges umfasst, der Naturpark Nassau mit Teilen des Mittelrheins, der Naturpark Rhein-Taunus, zu dem der Rheingau gehört. In der Eifel wurde zudem der 14. Deutsche Nationalpark eingerichtet (www.nationalpark-eifel.de).

Reisezeit

Die Saison beginnt klassischerweise zu Ostern und endet um Allerheiligen. Im Winter haben viele Gastbetriebe geschlossen, die Kreuzfahrtschiffe liegen im Heimathafen für ein paar Monate vor Anker. Dabei hat das Rheintal gerade im Winter, wenn Schnee vielleicht die Höhen bedeckt, seinen besonderen, melancholischen Reiz. Wanderer kommen bevorzugt im Frühjahr oder im Herbst, wenn die Temperaturen mild sind. Im Sommer kann es sehr heiß werden – für Abkühlung sorgt der Strom, in den man die Füße tauchen kann. Spätsommer und Herbst sind absolute Hauptsaison: Es ist Weinlese und das Rheintal zeigt sich in goldbunten Tönen.

Info

Daten & Fakten

Lage: Drei Bundesländer teilen sich den knapp 180 km langen Rheinabschnitt von Köln bis Mainz. Auf Nordrhein-Westfalen entfällt der Abschnitt Köln bis Rolandseck, auf Rheinland-Pfalz der vom Rolandseck bis Mainz – mit Ausnahme des rechten Rheinufers zwischen Assmannshausen und Eltville, das zu Hessen gehört. Auch landschaftlich ist der Abschnitt in drei deutlich unterschiedliche Regionen unterteilt: Von Köln bis Bonn sind die Ufer relativ flach und kündigen flussabwärts den Niederrhein an. Dramatisch steigen hingegen die Ufer südlich von Bonn bis auf die Höhe von Assmannshausen und Bingen an. Mit einem scharfen Knick ändert der Rhein auf der Höhe von Bingen die Richtung. Die 25 km bis Mainz sind von sanft ansteigenden Hügeln gesäumt, die offiziell bereits zum Hochrhein zählen. Etliche Nebenflüsse münden in den Rhein, von denen der größte die ebenfalls von Steilufern und Flussschleifen begleitete Mosel ist. Zerklüftet und felsig sind auch die Ufer der Ahr.
Natur: Die Umweltminister der Rheinanlieger haben das „Rheinprogramm 2020" verabschiedet, das weitgehende Verbesserungen des Ökosystems Rhein zum Ziel hat. Dank kommunaler Kläranlagen und der deutlichen Reduzierung des Zulaufs verunreinigter Industrieabwässer weist der Rhein wieder einen fast vollständigen Fischbestand auf. Etliche Naturschutzgebiete schützen Fauna und Flora – etwa die Siegmündung und die Altarme, Auen und Inseln zwischen Rheingau und Rheinhessen als Brut- und Zugvogelreviere.
Bevölkerung: Während die Einwohnerzahlen von Köln (1 081 700 Einw.), Bonn (314 000 Einw.), Mainz (214 000 Einw.) und ihrer Peripherien konstant steigen, leidet das ländliche Rheintal an Bevölkerungsschwund. Besonders auf den Höhen von Hunsrück, Eifel und Westerwald hat das große Dorfsterben begonnen, während im Tal Tourismus, Weinbau, Landwirtschaft und die damit verbundenen Arbeitsplätze den Wegzug verlangsamen.
Wirtschaft: Als „Wirtschaftszentrum West" ist Köln Industriestadt (u. a. Automobil- und Maschinenbau, Elektrotechnik) und Messemetropole (Anuga, Photokina, Möbelmesse) sowie als Standort für die Sektoren Dienstleistung, Handel, Banken und Versicherungen stark. Die Medien tun ein Übriges: Neun Sender sind in Köln vertreten, darunter der WDR und Europas umsatzstärkster Privatsender RTL. Der Rhein, Europas meistbefahrene Wasserstraße, der internationale Flughafen Köln-Bonn und ein dichtes Autobahnnetz schließen die Domstadt an die europäischen Handels- und Wirtschaftsrouten an.
Bonn hat sich erfolgreich von der Bundeshauptstadt zum Verwaltungs- und Wissenschaftsstandort gemausert, mit chemischer Industrie und Raffinerien am Stadtrand.
Mainz ist als Landeshauptstadt von Rheinland-Pfalz zugleich Beamtenstadt und dank des ZDF Medienhochburg. Die Stadt profitiert als Industriestandort von der Lage am Rhein, der guten Autobahnvernetzung und der Nähe zu Deutschlands größtem Flughafen Frankfurt/Main. Für alle drei Städte kommt der Tourismus als bedeutende wirtschaftliche Aktivität hinzu.
Die Landwirtschaft spielt eine nach wie vor große Rolle. Von Köln bis Bonn ist der Anbau von Obst, Gemüse und Zuckerrüben bedeutend, südlich von Bonn der Weinbau.

Der Kran in Andernach zeugt vom Weinbau im 16. Jh. Der Rotweinwanderweg führt ganz dicht an die Rebstöcke.

Ein wunderschönes Ensemble: Fachwerkhäuser in der Mainzer Altstadt

Restaurants

Preiskategorien

€ € €	Menü	über 50 €
€ €	Menü	20–50 €
€	Menü	bis 25 €

In den Großstädten reicht die Spanne vom türkischen Imbiss über das Neobistro und den Italiener um die Ecke bis zum prämierten Gourmetrestaurant, auf dem Land vom einfachen Ausflugslokal über die Weinstube bis zur Feinschmeckeradresse mit Michelin-Stern. Als Faustregel gilt, je nobler die Adresse, umso eher empfiehlt sich eine Reservierung und desto teurer wird es. Auch zu Hauptreisezeiten, Stichwort Wochenende oder Weinlese, kann es auf dem Land im ausgesuchten Lokal eng werden.

Schiffstouren

In fast jedem touristisch interessanten Ort kann man mit lokalen Anbietern Halb- oder Ganztages-**Ausflugsfahrten** unternehmen. In Köln etwa mit der **Köln-Düsseldorfer** (Köln-Düsseldorfer Deutsche Rheinschifffahrt AG, Frankenwerft 35, 50667 Köln, Tel. 02 21 2 08 83 18, www.k-d.com) nach Zons oder Rodenkirchen, in Bonn mit der **Bonner Personenschiffahrt** (Bonner Personen Schiffahrt eG, Brassertufer/Am Alten Zoll, 53111 Bonn, Tel. 02 28 63 63 63, www.hp.bonn-schiff.de) oder der **Siebengebirgslinie** (Personenschiffahrt Siebengebirge eG, Gotenstr. 27, 53173 Bonn-Bad Godesberg, Tel. 02 28 36 37 37, www.siebengebirgslinie-bonn.de) nach Königswinter, Unkel, Remagen oder Linz.
In Koblenz kommt man mit **Personenschifffahrt Gilles** (Gilles Personenschiffahrt GmbH, Willy-Brandt-Ufer, 56179 Vallendar, Tel. 02 61 631 27, www.gilles-personenschiffahrt.de) an die Moselmündung und den Mittelrhein oder mit **Schifffahrt Hölzenbein** (Rheinschifffahrt Hölzenbein GmbH, Rheinzollstraße 4, 56068 Koblenz, Tel. 02 61 3 77 44, www.hoelzenbein.de) via Boppard, Oberwesel, Bacharach, Bingen nach Rüdesheim.
In Mainz gelangt man mit der **Primus-Linie** (Primus-Linie, Frankfurter Personenschiffahrt Anton Nauheimer GmbH, Mainkai 36, 60311 Frankfurt am Main, Tel. 06 9 1 33 83 70, www.primus-linie.de) nach Rüdesheim und zur Loreley oder mit der Schiffahrt Nikolay (**Personen Schiffahrt Nikolay,** Rheinstr. 40, 55257 Budenheim, Tel. 06 13 93 78, www.schiffahrt-nikolay.de) zu den Burgen des Mittelrheins. **Linienfahrten** von Köln nach Mainz mit Stopps an fast drei Dutzend Anlegeorten unternimmt die Köln-Düsseldorfer (siehe oben; April–Okt.).
Mehrtägige **Rheinkreuzfahrten** haben eine lange Tradition, der erste Rheindampfer – er stammte aus England – befuhr im Jahr 1816

Geschichte

Info

120 000 v. Chr.: Erste Besiedlung der Rheinlande durch steinzeitliche Jäger.
58 v. Chr.: Der römische Feldherr Cäsar stößt bis an den Rhein vor.
9 v. Chr.: Niederlage der Römer unter Varus gegen die Germanen im Teutoburger Wald. Der Rhein wird für Jahrhunderte zur Grenze zwischen Römern und Germanen.
um 800: Karl der Große dehnt das Frankenreich über die Rheingrenze aus.
1254–1257: Der Rheinische Städtebund formiert sich in Mainz zur Stärkung des „Mainzer Landfriedens".
1288: Der Kölner Erzbischof unterliegt in der Schlacht von Worringen. Köln wird Freie Reichs- und bedeutendste deutsche Stadt.
1388: Gründung der Universität zu Köln.
um 1450: Gutenberg erfindet in Mainz den Druck mit beweglichen Gusslettern.
1476: Gründung der Universität Mainz.
1689: Die Truppen Ludwigs XIV. wüten im Rheintal. Burgen werden zerstört.
1786: Gründung der Universität Bonn.
1794–1815: Das linke Rheinufer wird von der französischen Revolutionsarmee besetzt. Im Wiener Kongress 1815 wird das Rheinland Preußen zugesprochen.
ab 1802: Die Dichter der Romantik entdecken und verklären den Rhein.
1919: Der Friedensvertrag von Versailles öffnet den Rhein für die internationale Schiffahrt.
1939–1945: Zweiter Weltkrieg. Köln, Koblenz und Mainz werden fast völlig zerstört.
1949: Bonn wird provisorische Hauptstadt der Bundesrepublik Deutschland. Der durchgehende Schiffsverkehr zwischen Köln und Mainz wird wieder aufgenommen.
1999: Umzug der Regierung von Bonn nach Berlin.
2002: Aufnahme des Oberen Mittelrheins in die UNESCO-Welterbeliste.
2005: Aufnahme des römischen Limes in die UNESCO-Welterbeliste.
2009: Durch Arbeiten für eine neue U-Bahnlinie stürzt Kölns Stadtarchiv ein.
2011: Für die Bundesgartenschau wird das Stadtbild von Koblenz durchgreifend saniert.
2014: In Köln kommt das Jahrhundertprojekt Rheinauhafen zum Abschluss.
2014–2016: Das Brentano-Haus in Winkel wird ans Land Hessen verkauft.
2015: Neue archäologische Funde in Ingelheim beweisen, dass der Ort bis zu 150 Jahre vor dem Bau der Kaiserpfalz besiedelt war.
2016: Die Uferpromenade in Köln-Deutz wird neu gestaltet: Die „schäl Sick" entwickelt sich von der Schmuddelecke zur schicken Flaniermeile.
2016-2019: Umgestaltung des Loreley-Plateaus mit Fußwegen und Pavillons (www.loreley-besucherzentrum.de).
2017: Nach dem Rückbau der östlichen Domplatte verschwindet eine der berüchtigsten Schmuddelecken Kölns.
2018: Im Mainzer Dom soll die größte Domorgel der Welt (nach der in Passau) eingebaut werden: 223 Register, 18 000 Pfeifen.

den Rhein. Folgende Gesellschaften bieten Flusskreuzfahrten von unterschiedlicher Länge und Streckenführung auf dem Rhein an: Nicko Cruises (Nicko Cruises Flussreisen GmbH, Mittlerer Pfad 2, 70499 Stuttgart, Tel. 07 11 24 89 80 44, www.nicko-cruises.de), A-ROSA (A-ROSA Flussschiff GmbH, Loggerweg 5, 18055 Rostock, Tel. 03 81 2 02 60 20, www.a-rosa.de/flusskreuzfahrten) und Phoenix Kreuzfahrten (Phoenix Reisen GmbH, Pfälzer Straße 14, 53111 Bonn, Tel. 02 28 9 26 00, www.phoenixreisen.com). Kreuzfahrten können in jedem Reisebüro gebucht werden. Dreamlines bietet als Zusammenschluss mehrerer Reedereien auf seinem Portal eine gute Übersicht der Angebote (Dreamlines GmbH, Neuer Wall 43, 20354 Hamburg, kostenlose Service-Hotline Tel. 08 00 445 51 55, www.dreamlines.de).

Auch auf www.kreuzfahrten.de lassen sich Preise und Rhein-Reiserouten vergleichen.

Souvenirs

Wer kann dem Duft im 4711-Haus in Köln schon widerstehen? Ein **Eau de Cologne** passt in fast jede Handtasche. Kölschgläser sind mit Aufdrucken des Doms oder des Kölner Wappens erhältlich. Weiter südlich bietet sich **Wein** in allen Varianten an – welcher am besten passt, findet man bei einer Weinprobe vor Ort beim Winzer heraus.

Sport

Kanu, Kajak und Schwimmen: Wegen der starken Strömung und dem starken Schiffsverkehr eignet sich der Rhein nur für sehr erfahrene Kanuten und gute Schwimmer. Ungefährliche, auch für Anfänger empfehlenswerte Touren bieten sich auf den Nebenflüssen, allen voran der **Mosel**, die man bis zur Mündung in den Rhein bei Koblenz abfahren kann (s. DuMont Aktiv S. 77). Auch die **Lahn** ist ein beliebtes Kanu- und Kajakrevier (buchbare Touren und Verleih bei Lahn-Kanu, Eiserne Hand 3, 35578 Wetzlar, Mobil 0176 32 57 45 08, www.lahnkanu.com).

Radwandern und -fahren: Die Euro-Velo-Route 15, der 1230 km lange **Rheinradweg** (www.rheinradweg.eu), folgt dem Rhein von seiner Quelle beim schweizerischen Andermatt bis zur Mündung bei der niederländischen Hafenstadt Rotterdam. Der Fernradweg durch vier europäische Länder führt vorbei an 46 UNESCO-Welterbestätten und verläuft größtenteils beidseits des Stroms. Als Radweg werden ehemalige Treidelpfade genutzt, die jedoch abschnittsweise direkt neben der Uferstraße verlaufen. Etliche mit dem Bett & Bike-Logo zertifizierte Unterkünfte sind auf Radfahrer eingestellt und bieten etwa Radgarage oder Trockenraum für nasse Radlerkleidung. Mehrtägige, ein- oder zweiwöchige Touren durch den besonders attraktiven Mittelrhein können inklusive Kartenmaterial und Übernachtung über die Tourist-Informationen von Rheinland-Pfalz und Nordrhein-Westfalen gebucht werden.

Weitere Informationen zu Radtouren am Mittelrhein sind unter www.outdooractive.com und beim ADFC (www.adfc.de) zu finden.

Lahn-Radweg (Lahnstein–Weilburg–Gießen–Netphen, 245 km; www.lahn-radweg.de) oder **Mosel-Radweg** (Metz–Trier–Koblenz, 310 km; www.mosellandtouristik.de) sind auch als Teilstücke Alternativen längs der Nebenflüsse des Rheins. Ihr Vorteil: Es gibt weniger motorisierten Verkehr neben dem Radweg. Die Mittelgebirge oberhalb des Tals sind ein Dorado für **Mountainbiker** mit zahlreichen ausgeschilderten Trails für jeden Schwierigkeitsgrad. Ein besonderer Tipp ist der Bikepark Boppard (www.bikeparkboppard.de; April bis Okt.).

Wandern: Mit dem rechtsrheinischen **Rheinsteig** (Bonn–Wiesbaden, 320 km; www.rheinsteig.de, Markierung: ein großes, den Rhein symbolisierendes R) und dem besonders zu empfehlenden linksrheinischen **RheinBurgenWeg** (Rolandsbogen–Bingen, 200 km; www.rheinburgenweg.com, Markierung: ein von Zinnen gekröntes großes R) lockt das Rheintal mit zwei erstrangigen, mehrmals prämierten Fernwanderwegen. Für beide Wege können über die Tourist-Informationen von Rheinland-Pfalz und Nordrhein-Westfalen Karten bezogen und Wanderpackages mit Übernachtung und Gepäcktransport gebucht werden.

Weitere Fernwanderwege in den Seitentälern des Rheins: **Ahrsteig** (Blankenheim bis Sinzig, 110 km, teilweise parallel zum Rotweinwanderweg, s. DuMont Aktiv S. 55; www.ahrsteig.de) und **Moselsteig** (Perl-Koblenz, 24 Etappen, 365 km, www.moselsteig.de).

Als Halb- oder Ganztageswanderungen empfehlen sich als Rundwanderwege konzipierte Kurztouren. Auf dem **Rheingoldbogen** bei Boppard (13 km) geht es auf einem Wegabschnitt durch das Rebenmeer der Weinlage „Bopparder Hamm". Auf dem **Waldschluchtenpfad** bei Vallendar (19 km) wandert man durch majestätische Buchenhochwälder. Beide gehören zu den sog. Traumpfaden: Steile Berghänge mit schroffen Felsen wechseln mit Weinbergen, verschlungene Pfade führen zu Burgen, Schlössern und Aussichtspunkten; insgesamt fünf Wege am Rhein tragen bislang das Traumpfad-Label (www.traumpfade.info). Die Mittelgebirge oberhalb des Rheintals – Siebengebirge, Westerwald, Taunus, Eifel und Hunsrück – bieten als klassische Wanderregionen darüber hinaus eine Vielzahl gut markierter Themen-, Tages- und Fernwanderwege mit entsprechender touristischer Infrastruktur; siehe hierzu auch „Unsere Favoriten" auf den Seiten 114/115.

Unterkunft

Hotels und Pensionen: Das Angebot ist groß. Die Übernachtung in der Großstadt, wo die Preise zu Messezeiten oder Großveranstaltungen wie Karneval stark nach oben gehen, ist in der Regel teurer als die auf dem Land. Alle auf

Preiskategorien

€ € €	Doppelzimmer	über 160 €
€ €	Doppelzimmer	90 – 160 €
€	Doppelzimmer	bis 90 €

Einfach mal raus: Auf der Rheingauer Riesling-Route wandert man durch den Rheingau.

SERVICE

den Info-Seiten der einzelnen Kapitel vorgestellten Häuser wurden vom Autor getestet. Die Zimmerpreise beziehen sich auf ein Doppelzimmer mit Frühstück. Unterkunftsverzeichnisse mit weiteren Adressen erhält man auf den bei den einzelnen Orten genannten Tourist-Informationen.

Camping: Plätze mit Bewertung werden auf verschiedenen speziellen Internetportalen vorgestellt wie www.camping.info, www.campingplatz.de oder www.campingfuehrer.adac.de.

Jugendherbergen: Jugendherbergen gibt es in **Köln** (Pathpoint Cologne, Allerheiligenstraße 15, 50668 Köln, Tel. 02 21 13 05 68 60, www.pathpoint-cologne.jugendherberge.de; Jugendherberge Köln-Riehl, An der Schanz 14, 50735 Köln, Tel. 02 21 97 6 51 30, www.koeln-riehl.jugendherberge.de; Jugendherberge Köln-Deutz, Siegesstraße 5, 50679 Köln, Tel. 02 21 81 47 11, www. koeln-deutz.jugendherberge.de), **Bonn** (Jugendherberge Bonn, Haager Weg 42, 53127 Bonn, Tel. 02 28 28 99 70, www.bonn.jugendherberge.de), **Koblenz** (Jugendherberge Festung Ehrenbreitstein, 56077 Koblenz, Tel. 02 61 97 28 70, www. diejugendherbergen.de/koblenz), **Oberwesel** (Rheintal-Jugendherberge, Auf dem Schönberg, 55430 Oberwesel, Tel. 06 74 49 33 30, www.diejugendherbergen.de/oberwesel), **Bacharach** (Jugendherberge Burg Stahleck, 55422 Bacharach, Tel. 06 74 3 12 66, www.diejugendherbergen.de/bacharach), **St. Goar** (Loreley-Jugendherberge, Bismarckweg 17, 56329 St. Goar, Tel. 06 74 1 3 88, www.diejugendherbergen.de/st-goar), **Kaub** (Rheinsteig-Jugendherberge, Zollstraße 46, 56349 Kaub, Tel. 06 77 49 18 18 90, www. diejugendherbergen.de/kaub), **Bingen** (Rhein-Nahe-Jugendherberge, Herterstraße 51, 55411 Bingen, Tel. 06 72 13 21 63, www.diejugendherbergen.de/bingen) und **Mainz** (Rhein-Main-Jugendherberge, Otto-Brunfels-Schneise 4, 55130 Mainz, Tel. 06 13 1 8 53 32, www.diejugendherbergen.de/mainz). Weitere Infos erteilt das Deutsche Jugendherbergswerk, Leonardo-da-Vinci-Weg 1, 32760 Detmold, Tel. 05 23 1 7 40 12 20, www.jugendherberge.de).

Veranstaltungen

Feb./März: Ob Karneval oder Fastnacht, die Fünfte Jahreszeit wird im Rheinland ausgiebig gefeiert. Höhepunkt sind die tollen Tage von Weiberfastnacht (Eröffnung des Straßenkarnevals) bis Rosenmontag (Umzüge).
Mai/Juni: Mülheimer Gottestracht, Schiffsprozession zu Fronleichnam vom rechtsrheinischen Köln-Mülheim bis zur Zoobrücke und vom linken Ufer zu Fuß weiter zum Dom (www.muelheimer-gottestracht.de).
Mai–Aug.: Die Brühler Schlosskonzerte bieten hochkarätige klassische Konzerte im Schloss und in den Gärten. Die nächtliche Abschlussveranstaltung wartet mit einem großen Feuerwerk zu Werken von Haydn auf (www.schlosskonzerte.de).
Mai–Sept.: Rhein in Flammen mit großem Feuerwerk, dem größten Schiffskorso Europas und bengalisch erleuchteten Rheinburgen. Zeitlich versetzt an verschiedenen Orten zwischen Bonn und Bingen (www.rhein-in-flammen.com).
Juni: Mainzer Johannisnacht am Rheinufer mit Fahrgeschäften, Rock- und Pop-Konzerten.
Juni–Aug.: Open-Air-Konzerte auf der Freilichtbühne der Loreley (Rock, Pop, Electro und Volksmusik; www.loreley-freilichtbuehne.de).
Ende Juni–Aug.: Rheingau Musik Festival mit über 150 Konzerten von Klassik bis Weltmusik, aufgeführt werden sie in Klöstern, auf Weingütern und Schlössern (www.rheingau-musik-festival.de).
Juli: Kölner Lichter mit Großfeuerwerk und nächtlich beleuchteter Schiffsflotte zwischen Hohenzollern- und Zoobrücke (www.koelner-lichter.de).
Ende Aug./Anf. Sept.: Mainzer Weinmarkt mit Weinständen, Künstlermarkt und Musik (www.mainzer-weinmarkt.de).
Dez.: Weihnachtsmärkte in Köln, Bonn, Koblenz und Mainz, zu dem auch aus dem Ausland ganze Reisebusgeschwader das Rheinland anfahren.

So lässt sich Stille auf dem Wasser genießen: ein Rheinkreuzfahrtschiff morgens vor Koblenz.

Register

Fette Ziffern verweisen auf Abbildungen

A
Ahrtal **48**, **55**, 55, 118, 119
Andernach 49, **54**, 54, **118**
Assmannshausen 93, **93**, 95, 115
Augustusburg, Schloss 44

B
Bacharach **14/15**, 65, **66**, **68**, **69**, 77, **91**, 115
Bahnhof Rolandseck **46**, 47, 54
Bendorf (Sayn) **50**, 50, **51**, 51, 55
Bingen 87, **105**, 113, 117
Bonn 34, **40–45**, 43–45, **53**, 53, 114, 117
Boppard 20, **67**, 69, 76
Braubach **8/9**, 61, 76, 114
Brühl **44**, 53

C
Crass, Burg **35**, 35, **86**, 95

D
Dörscheid **35**, 35
Drachenfels **46**, **47**, 47, 53, 54

E
Eberbach, Kloster **78/79**, **80**, **83**, 85, 87, **88**, 89, 95, 115, **116**
Ehrenbreitstein, Festung **56/57**, 59, **60/61**, 61
Eibingen **84**, 87, 93
Eltville 35, 85, **87**, 87, **94**, 94, 95
Eltville am Rhein 116
Erbach 81, 115

F
Flörsheim am Main 95

G
Geisenheim **18/19**, 83, **84**, 85, 87, 89, 94
Gutenfels, Burg **66**, **72**, 76

H/I/J
Hahnheim 21, **80**
Heisterbach, Kloster 47, 54, 114, **115**
Ingolheim 108, **112**, 112, 116
Johannisberg, Schloss **18/19**, 83, 83, 89, **94**, 94, 95

K
Katz, Burg **62**, **62/63**, 76, 114
Kaub **66**, **72**, **76**, 91, 95, 114, 120

Kiedrich **20**, **21**, 21, 87, 94, 95, 115
Koblenz **56/57**, **58**, **59**, 59, **61**, 61, 65, 71, 75, 91, **120**
Köln **10/11**, **12/13**, 22–**33**, 25-33, **34**, 34, **37–39**, 37–39, 71, 117
Königswinter **46**, 54, 114, **116**, 116

L
Lahnstein **75**, 76
Linz am Rhein 49, 54
Lorch **80**, 81, 87, 93, 95, 115
Loreley 67, 76

M
Mainz **16/17**, 35, 65, 71, 73, 91, **96–104**, 99–105, 108, **109**, **111**, 111, 112, **113**, 113, 117, **118**
Maria Laach **48**, 49, 55
Marksburg, Burg **8/9**, 61, 65, 114
Maus, Burg **72**, 76, 114
Mosel **77**, 77, 118

N
Neuwied 55, 116
Niederlahnstein 114
Niederwalddenkmal 87, **93**, 93
Nonnenwerth 47

O
Oberwesel **66**, 76, 115
Oestrich-Winkel 20, **21**, 81, **84**, 85, **86**, 94, 115

P
Pfalzgrafenstein 77
Philippsburg, Burg 61

R
Remagen 54, 118
Rheinstein (Burg) 64, 65
Rhens 76
Rolandsbogen **47**, 47, 54
Rolandswerth 34
Rüdesheim 73, **80**, 81, **82**, **83**, 87, 91, 93, 95, 118

S
Scharfenstein, Burg 94
Schönburg, Burg 76
Schwarzenstein, Burg 85
Schwarzrheindorf 42
Siebengebirge 47
Siefersheim **107**, 107, **113**, 113
Sieg, Fluss 43, **46**, 53
Spay 20, **21**
Stahleck, Burg **62**, 65, 76, 77, 115
St. Goar 65, 76, **116**, 120

St. Goarshausen 63, **67**, **72**, 76, 91, 114
Stolzenfels Burg **64**, 65, 75

T/U
Trechtingshausen 64
Unkel 48

V/W
Vollrads, Schloss **81**, 89, 94, 115
Wiesbaden 95

Impressum

4. Auflage 2018
© DuMont Reiseverlag, Ostfildern

Verlag: DuMont Reiseverlag, Postfach 3151, 73751 Ostfildern, Tel. 0711 45 02-0, Fax 0711 45 02-135, www.dumontreise.de
Geschäftsführer: Dr. Thomas Brinkmann, Dr. Stephanie Mair-Huydts
Programmleitung: Birgit Borowski
Redaktion: Achim Bourmer, Berlin
Text und Aktualisierung 2018: Klaus Simon, Köln
Exklusiv Fotografie: Christian Back, Großwoil
Titelbild: laif/Heiko Meyer (Oberes Mittelrheintal, Loreley, Burg Katz, St. Goar)
Zusätzliches Bildmaterial: DuMont Bildarchiv/U. Bernhart S. 112; DuMont Bildarchiv/J. A. Fischer S. 111 o. re., 118 o. li.; DuMont Bildarchiv/S. Lubenow S. 93 u. re., 94 o. li.; DuMont Bildarchiv/A. Selbach S. 71 u.; Getty/A. Copson/robertharding S. 18/19; Huber-Images/G. Gräfenhain S. 8/9; laif/M. Kirchgessner S. 80 o. li.; Long Island Bar, www.thenewyorker.de S. 34 li., 35 o. re. (© Sebastian Drüen); Look-foto/H. Dressler S. 114 li.; Look-foto/J. Sackermann S. 115 u. re.; Mauritius Images/Alamy/Y. Levy S. 34 re.; Mauritius Images/C. Bäck S. 86 u. re., 114 re., 115 u. li.; Mauritius images/T. Krüger S. 80 o. re.; Mauritius images/roeder Photography 21 u. re.; Mauritius Images/Westend61/G. Wojciech S. 115 o. li.; Thomas Naethe, Bendorf-Sayn S. 50, 51 o. li.; © www.garagewinery.com S. 21 o. re.; © www.landgasthaus-buechner.de S. 35 o. li.; © www.weingut-matthiasmueller.de S. 21 u. li.; © www.weingut-robert-weil.com S. 20 li., 21 o. li.; iStock 20 o., 21 ganz u. li.; 34 o. li.; iStockphoto S. 113 o.; Shutterstock 35 u. li., 39 o., 55 o., 114 o.; vectorstock 95 o.; für Werke von Duane Hanson (S. 12) und Roy Lichtenstein (S. 13) bei © VG Bild-Kunst, Bonn 2018
Textquellen: G. Binding/B. Löhr, Kleine Kölner Baugeschichte, Köln 1978, S. 56/57 (hier: S. 27); J. W. v. Goethe, aus: „Hermann und Dorothea", aus: Werke, Bd. 2, Hamburger Ausgabe, München 1982, S. 460 (S. 81); Dethard von Winterfeld, in: Romanik am Rhein, Stuttgart 2001, S. 62 (S. 99)
Grafische Konzeption, Art Direktion: fpm factor product münchen
Cover Gestaltung: Neue Gestaltung, Berlin
Layout: Cyclus · Visuelle Kommunikation, Stuttgart
Kartografie: © MAIRDUMONT GmbH & Co. KG, Ostfildern
Kartografie Lawall (Karten für „Unsere Favoriten")
DuMont Bildarchiv: Marco-Polo-Straße 1, 73760 Ostfildern, Tel. 0711 45 02-266, Fax 0711 45 02-1006, bildarchiv@mairdumont.com

Für die Richtigkeit der in diesem DuMont Bildatlas angegebenen Daten – Adressen, Öffnungszeiten, Telefonnummern usw. – kann der Verlag keine Garantie übernehmen. Nachdruck, auch auszugsweise, nur mit vorheriger Genehmigung des Verlages. Erscheinungsweise: monatlich.

Anzeigenvermarktung: MAIRDUMONT MEDIA, Tel. 0711 45 02 0, Fax 0711 45 02 10 12, media@mairdumont.com, http://media.mairdumont.com
Vertrieb Zeitschriftenhandel: PARTNER Medienservices GmbH, Postfach 810420, 70521 Stuttgart, Tel. 0711 72 52-212, Fax 0711 72 52-320
Vertrieb Abonnement: Leserservice DuMont Bildatlas, Zenit Pressevertrieb GmbH, Postfach 810640, 70523 Stuttgart, Tel. 0711 7252-265, Fax 0711 7252-333, dumontreise@zenit-presse.de
Vertrieb Buchhandel und Einzelhefte: MAIRDUMONT GmbH & Co. KG, Marco-Polo-Straße 1, 73760 Ostfildern, Tel. 0711 45 02 0, Fax 0711 45 02 340
Reproduktionen: PPP Pre Print Partner GmbH & Co. KG, Köln
Druck und buchbinderische Verarbeitung: NEEF + STUMME premium printing GmbH & Co. KG, Wittingen, Printed in Germany

FSC MIX
Papier aus verantwortungsvollen Quellen
FSC® C001857

arp museum Bahnhof Rolandseck

AUSSTELLUNGEN 2018
www.arpmuseum.org

COLLAGEN. DIE SAMMLUNG MEERWEIN. ZWEITER AUSSCHNITT
bis 15. April 2018

SAMMLUNG ARP 2018. RENDEZ-VOUS DES AMIS: KURT SCHWITTERS UND HANS ARP
18. Februar – 17. Juni 2018

GOTTHARD GRAUBNER. MIT DEN BILDERN ATMEN
18. Februar 2018 – 10. Februar 2019

KUNSTKAMMER RAU: RAUSCH DER FARBE. VON TIEPOLO BIS K. O. GÖTZ
18. März – 29. Juli 2018

ES DAUERT. ES IST RISKANT. ES BLEIBT WOMÖGLICH FÜR IMMER
Stipendiatinnen und Stipendiaten des Künstlerhauses Schloss Balmoral und des Landes Rheinland-Pfalz 2017/2018
29. April – 15. Juli 2018

KUNSTKAMMER RAU: IM JAPAN-FIEBER. VON MONET BIS MANGA
26. August 2018 – 20. Januar 2019

Informationen +49 2228-9425-0
Di – So und an Feiertagen | 11–18 Uhr
www.arpmuseum.org

Fauvistische Landschaft bei Chatou
Maurice de Vlaminck | um 1907
Arp Museum Bahnhof Rolandseck / Sammlung Rau für UNICEF
© VG Bild-Kunst, Bonn 2018 | Foto: Peter Schälchli, Zürich

Fahrenseraufundguckenserunter
einfach · bequem · hinauf

Die Drachenfelsbahn bringt Sie an den Start!

Nicht einmal eine halbe Stunde von Bonn entfernt liegt das Siebengebirge mit dem berühmten Drachenfels. Genießen Sie den überwältigenden Blick ins Rheintal und starten Sie von dort Ihren Ausflug in die Natur.

www.drachenfelsbahn.de

Ihr Infozentrum am Rheinsteig!

Besucherzentrum Loreley

- Wanderer- u. Tourist-Information mit Infos zum
- „Rheinsteig", „Loreley Extratour" • Bistro-Café „Mittelrhein"
- Zentrale Ausstellung „rund um die Loreley"
- 3-D-Filmreise durchs Rheintal u.v.m.

Auf der Loreley, 56346 St. Goarshausen
April - Oktober, tägl. 10 - 17 Uhr, Tel. 06771 59 90 93
www.loreley-besucherzentrum.de

HERZLICH WILLKOMMEN IN OBERWESEL -
der Stadt der Türme und des Weines

Sie lieben es, Natur und Kultur in Einklang zu bringen? Dann wird Oberwesel Sie begeistern!

- Historische Altstadt mit begehbarer Stadtmauer
- Premiumwanderwege mit herrlichen Aussichten
- Zahlreiche Veranstaltungen, Weinmarkt und Rhein in Flammen
- Gemütliche Restaurants und Weingüter zum Verweilen

Oberwesel

Tourist-Information Oberwesel
Rathausstraße 3, 55430 Oberwesel
Tel.: 06744 / 710 624, Fax: 06744 / 15 40
Email: info@oberwesel.de, Web: www.oberwesel.de

Mit Dir ist Hier am schönsten

Besuchen Sie uns
und erleben Sie sebamed hautnah!

sebamed Shop
Kronengasse 22/ Marktplatz
56154 Boppard

Öffnungszeiten:
Montag bis Freitag 9:00 - 18:00 Uhr
Samstag 9:00 - 14:00 Uhr

sebamed®
Wissenschaft für gesunde Haut.